BLUMEN & GARTEN

SPEZIAL

BLUMEN & GARTEN
SPEZIAL

Kletterpflanzen

Pflanzenbeschreibungen von A–Z
Pflegeanleitungen und kreative Gestaltungsideen
– komplett in Farbe –

Herausgegeben von
Dipl.-Ing. Stefan Längst

Mosaik Verlag

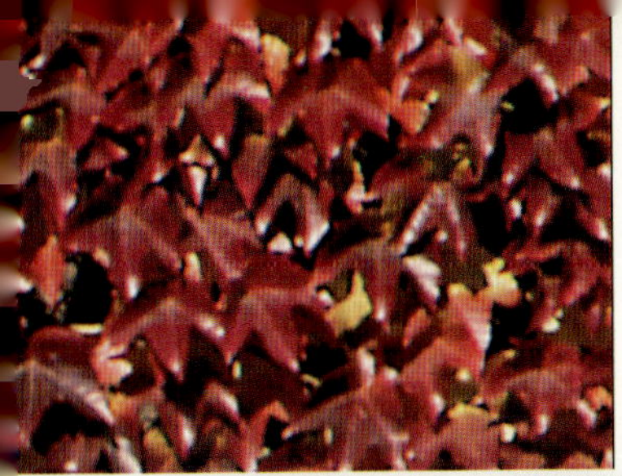

INHALT

VORWORT

Kletterpflanzen sind zur Zeit »in«. Daß dies nicht nur ein Modetrend unserer kurzlebigen Zeit ist, belegen die vielen Beispiele von der Antike bis zum Anfang unseres Jahrhunderts, als die Kletterpflanzenverwendung ihren vorläufigen Höhepunkt hatte. Unter der Gruppe der Kletterpflanzen werden die unterschiedlichsten Arten zusammengefaßt, die alle in einem Merkmal übereinstimmen: sie wachsen in die Höhe, indem sie sich anderer Pflanzen oder geeigneter Gegenstände als Stütze bedienen. Selbstklimmer wie der Efeu und der Wilde Wein können auf diese Weise ganze Häuserwände überwuchern; andere Pflanzen benötigen Rankhilfen und erfreuen vor allem durch reiche Blüten – wie die vielen verschiedenen Arten der Clematis mit ihrer Farbenpracht, oder auch der Knöterich mit seinen weißen Rispen, die im Spätsommer manche Wand überfluten. Kletterpflanzen müssen nicht nur an Häuserwänden wachsen: an Spalieren, Pergolen, Lauben, auf der Terrasse oder auch im Zimmer können die verschiedensten interessanten Pflanzen gedeihen. Dieser Band stellt alle wichtigen Kletterpflanzen nach Gruppen geordnet von A–Z in Wort und Bild vor, gibt umfangreiche Vorschläge für ihre Verwendung und am Schluß Tips für die Praxis. Auf diese Weise erhält der Gartenfreund all das, was er braucht, damit Kletterpflanzen nicht nur Arbeit, sondern Freude machen.

'Shocking Blue' gehört zu den Rosen, die auch als Kletterpflanzen verwendet werden.

KLETTERPFLANZEN IM ÜBERBLICK

In der großen Gruppe der Kletterer werden die verschiedensten Pflanzen zusammengefaßt. Auf der einen Seite findet sich da an manchem alten Haus schon seit Jahrzehnten ein immergrüner Efeu, auf der anderen gibt es viele auch weniger bekannte einjährige Pflanzen mit enormen Wuchs- und Blühleistungen; und zwischen diesen Extremen finden sich solche Pflanzenschönheiten wie etwa die vielen verschiedenen Kletterrosensorten. Für jeden Standort und jede Vorliebe läßt sich so eine geeignete Lösung finden. Und gerade die Erkenntnis der letzten Jahre, daß man in unserem dicht besiedelten Land in Zukunft sparsamer mit der noch nicht bebauten Fläche umgehen muß, verlangt nach neuen Ideen. Ein wichtiger Punkt hierbei ist die Durchgrünung der alten Siedlungskerne; Natur soll vor Ort erlebbar werden. Wegen ihrer universellen Anwendungsmöglichkeiten und des geringen Flächenbedarfs sind Kletterpflanzen hier eine der interessantesten Möglichkeiten.

Polygonum aubertii, der Schlingknöterich (neuerdings: _Fallopia aubertii_), gehört zu den wüchsigsten Kletterern. Dies erfordert von Zeit zu Zeit einen kräftigen Rückschnitt, den die Pflanzen gut vertragen.

***Wisteria sinensis*, der Blauregen, verzaubert besonders während der Blüte das ganze Haus.**

Was zeichnet die Kletterpflanzen aus, welche Eigenschaften grenzen sie gegenüber anderen Pflanzengruppen ab? Es ist die Fähigkeit mit Hilfe von Ranken, windenden Sprossen, Haftscheiben, Luftwurzeln oder ähnlichem in die Höhe zu wachsen und sich dabei anderer Pflanzen oder Gegenstände als Stütze zu bedienen. Durch diese Eigenschaft können sie weitgehend auf die Ausbildung einer Statik, die dem jeweiligen Höhenwachstum entspricht, verzichten, wie sie etwa Bäume mit ihren Stämmen leisten. Durch diesen Verzicht sind sie den Bäumen und Sträuchern in ihrer Wuchsgeschwindigkeit weit überlegen.

Man kann also die Kletterpflanzen auch als eine Art Schmarotzer bezeichnen, denn sie lehnen sich in der Natur an Bäume an, halten sich an ihnen fest und erreichen mit deren Hilfe entsprechende Höhen. Schließlich überwachsen sie sie zumindest teilweise und entziehen ihnen schließlich immer mehr Licht für die lebensnotwendige Assimilation. Auf der anderen Seite haben die Kletterpflanzen nur über diese Strategie die Möglichkeit, im dichten, lichtarmen Wald an das begehrte, volle Sonnenlicht heranzukommen. In unseren Auwäldern kann man dieses Phänomen sehr schön an der heimischen Waldrebe beobachten. Auch der Efeu bringt es im Lauf der Jahre zu stattlichen Exemplaren. Oder man denke nur an die tropischen Wälder, wo viele Bäume von Kletterpflanzen und Epiphyten fast vollständig überwachsen sind und oft auch abgestorben noch als Stütze dienen.

Der Mensch macht sich nun diese besondere Eigenschaft der Kletterpflanzen in seinem Garten und anderen Freiräumen zunutze. Man denke nur an die Bereiche Sicht- und Lärmschutz, Fassadenbegrünung oder Beschattung und Witterungsschutz am Haus. Der vertikale Wuchs und die geringen Ansprüche an den Standraum sind willkommene Eigenschaften, die den Kletterpflanzen eine herausragende Stellung verschaffen.

△ **Selbstklimmer**

▽ **Rankende Art**

▽ **Windende Art**

▽ **Spreizklimmer**

Gruppierungen. Die Gruppe der Kletterpflanzen ist umfangreich und vor allem sehr heterogen in ihrer Zusammensetzung. Zum einen gibt es verschiedene Kletterformen und zum anderen verschiedene Lebensformen, wie etwa Stauden, einjährige Kletterpflanzen oder Gehölze, sowohl immergrüne als auch sommergrüne. Für gewöhnlich unterscheidet man die Kletterpflanzen nach der Kletterform, da hiervon in der Regel auch die entsprechende Verwendung abhängt.

Selbstklimmer. Dies ist die einzige Gruppe, die keine Rankgerüste oder Kletterhilfen benötigt. Die Pflanzen halten sich mit Haftscheiben oder Haftwurzeln am Untergrund fest. Bekannte Vertreter sind der Efeu *(Hedera)*, der Wilde Wein *(Parthenocissus tricuspidata)*, die Trompetenblume *(Campsis radicans)*.

Rankende Arten. Die Pflanzen haben umgebildete, berührungsempfindliche Blattorgane, die sogenannten Greif- oder Winkelranken, mit deren Hilfe sie sich an Gerüsten oder dergleichen festhalten können. Bekannte Vertreter sind Clematis, Wicke *(Lathyrus)* oder der Echte Wein *(Vitis)*.

Windende Arten. Diese Pflanzen winden sich und zwar je nach Art in jeweils derselben Richtung um entsprechende Vorrichtungen. Dabei unterscheidet man links- bzw. rechtswindende Arten. Bekannte Vertreter sind der Hopfen *(Humulus)*, die Feuerbohne *(Phaseolus coccineus)*, der Blauregen *(Wisteria)* oder das Geißblatt *(Lonicera)*.

Spreizklimmer. Die Vertreter dieser Gruppe sind eigentlich keine richtigen Kletterpflanzen, sondern brauchen zum Klettern spezielle Rankhilfen. Sie stützen sich mit Hilfe ihrer langen Triebe auf Klettergerüsten oder ähnlichem ab und erhalten durch Dornen, Stacheln oder Haare eine gewisse Stabilität. Hierzu gehört beispielsweise die Kletterrose *(Rosa)* oder die Brombeere *(Rubus)*.

Verwendung von Kletterpflanzen kann man bis in die Antike zurückverfolgen. Schriftlichen Quellen zufolge haben bereits 2500 v. Chr. die Ägypter einfache Lauben, die aus Holzpfählen mit Querhölzern bestanden, mit Weinstöcken beranken lassen. Man schätzte zum einen den Schatten, den sie spendeten und zum anderen die Früchte, die an ihnen reiften.

Antike. Im Zweistromland, zwischen Euphrat und Tigris, knüpfte man an diese Tradition an. Die Säulen waren schmuckvoll verziert und von Weinreben umschlungen. Im antiken Griechenland findet man dann auch Hinweise darauf, daß neben der Weinrebe auch andere Kletterpflanzen Verwendung fanden, wie zum Beispiel der immergrüne Efeu, Winden, Wicken oder Geißblatt. Die städtischen Freiräume, wie etwa Atrien, Wohnhöfe oder auch größere Gartenanlagen wurden mit Rankgerüsten oder Spalieren bereichert. Wie in vielen anderen Bereichen bemächtigten sich die Römer des Gedankenguts der Griechen und entwickelten es für ihre Zwecke weiter. Man überbaute beispielsweise öffentliche Wege und berankte sie vorwiegend wegen der Schattenwirkung, »verkleidete« ganze Häuserfassaden mit Weinreben und verzierte Grotten mit rankendem Efeu.

Mittelalter und Renaissance. Mit dem Untergang des Römischen Reiches verschwand auch die Gartenkultur und somit die bereits weit verbreitete Verwendung von Kletterpflanzen. Im Mittelalter begann man dann wieder zögernd, einfache Gartenlauben aus Holz mit Wein oder Efeu zu bepflanzen. Zu größerer Bedeutung gelangten die Kletterpflanzen erst wieder ab dem Zeitalter der Renaissance. Besonders Lauben, Laubengänge und Spaliere gewannen in der Gartengestaltung an Bedeutung. Kletterpflanzen wurden vielfach verwendet, ja, man gestaltete sogar ganze Irrgärten aus Spalieren.

Barock. Während des Barocks legten die Schling- und Rankpflanzen eine kleine Pause ein. Die natürliche Wüchsigkeit paßte wohl nicht so gut zu dem streng formalen Formenschatz, der Ausdruck des damaligen Zeitgeistes war. Eine Ausnahme bildeten nur die streng geometrisch gezogenen Obstspaliere.
In diese Zeit fällt jedoch auch die Entdeckung der Neuen Welt und somit der verstärkte Austausch von Gütern und Waren. Auch bei den Kletterpflanzen gelangte so manche exotische Art nach Europa, die man sich heute kaum mehr wegdenken kann. Aus Nordamerika stammt beispielsweise der Wilde Wein, die Trompetenblume oder die Pfeifenwinde; aus Asien brachte man etwa den Blauregen oder den Baumwürger mit.

Schon auf dieser romantischen Szene, die der Zeichner Ludwig Richter (1803 bis 1884) schuf, durfte eine einfache Holzpergola nicht fehlen.

Von 1800 bis zum 1. Weltkrieg. Im 19. Jahrhundert schließlich war man gegenüber botanischen Neuerungen besonders aufgeschlossen. Es gehörte fast schon zum guten Ton, daß man selbst eine naturkundliche Forschungsreise in ferne Länder unternahm und entsprechende seltene, exotische Tiere und Pflanzen zurückbrachte. Deshalb verwundert es nicht, daß nun die erwähnten neuen Arten gärtnerisch bearbeitet wurden und eine breite Verwendung fanden. Die Bemühungen hatten zum Ziel, durch die verstärkte Verwendung von Kletterpflanzen die Qualität von Gebäuden und städtischen Freiräumen zu verbessern und in die aus allen Nähten platzenden Städte wieder ein Naturerlebnis zu bringen.
Die Bewegung fand während des Jugendstils um die Jahrhundertwende bis zum Ausbruch des 1. Weltkrieges ihren vorläufigen Höhepunkt. Man beschäftigte sich intensiv und sogar wissenschaftlich mit der Kultur und Verwendung von Kletterpflanzen. So machte man sich beispielsweise bereits Gedanken über das Beranken von Gebäudefassaden, eventuell eintretenden Mauerschäden an Gebäuden oder der Beeinflußung des Stadtbildes. Architekten wie Leberecht Migge oder Maaß versuchten bei Neubauten Architektur und Natur über die Kletterpflanze zu verknüpfen. Mit den berankten Fassaden, mit Spalieren, Rankgerüsten und Lauben wurde ein harmonischer Übergang vom Haus zum Garten geschaffen. Das Repertoire umfaßte bereits alle auch heute bekannten Kletterpflanzen vom Baumwürger, Pfeifenwinde über Efeu, Wilder Wein bis zur Feuerbohne.

Von den 20er Jahren bis zur Gegenwart. Nach dem 1. Weltkrieg kamen in den 20er und 30er Jahren neue Bauten mit klaren Formen und Funktionalität, die alles Grün am Haus verschwinden ließen. Diese Reduktion der Denkweise bereitete nicht nur – vorübergehend – der Tradition der Kletterpflanzen ein Ende; Grün in der Stadt wurde insgesamt in Frage gestellt. Diese Entwicklung setzte sich in den ersten Jahrzehnten nach dem 2. Weltkrieg fort. Kletterpflanzen galten als verstaubt und altmodisch und höchstens als Brutstätte für unerwünschtes Ungeziefer. In den letzten Jahren gab es nun eine zunehmende Rückbesinnung auf das Natürliche. So sind auch wieder die Kletterpflanzen in die Gärten, an die Häuserfassaden oder Rankgerüste und Spaliere zurückgekehrt und spielen im Bewußtsein der Menschen wieder eine wichtige Rolle.

***Vitis vinifera*, die Echte Weinrebe, überspannt hier eine einfache Holzpergola aus Rundhölzern. Hierdurch entsteht eine Torsituation, hinter der sich der Garten wieder öffnet. Auf diese Weise entstehen unterschiedliche Räume, die dem Garten Abwechslung und Behaglichkeit geben.**

SELBSTKLIMMER

Zu den Selbstklimmern rechnet man in der Regel die Gattung *Hedera* (Efeu) und *Parthenocissus* (Jungfernrebe). Die Vertreter dieser Gattungen besitzen die Fähigkeit, mit Hilfe spezieller Haftorgane Mauern und Wände zu beranken. Das besondere dabei ist, daß diese Pflanzen hierzu keine speziellen Rankhilfen wie etwa Klettergerüste, Spaliere, gespannte Drähte oder Schnüre benötigen. Durch diese Eigenschaft kann man sich zwar Kosten und Mühe für den Bau und das Anbringen einer Rankhilfe sparen. Da die Pflanzen jedoch nicht ohne weiteres, d. h. ohne großen Schaden zu nehmen, wieder entfernt werden können, muß die vorherige Planung bzw. die geeignete Standortauswahl sehr sorgfältig erfolgen. Von der rein botanischen Seite betrachtet gibt es neben den beiden zuerst genannten Gattungen noch weitere, die man zu den Selbstklimmern zählt. Ein bekanntes Beispiel ist die Trompetenblume, *Campsis radicans*, die zwar eigene Haftorgane ausbildet, aber ohne Rankhilfen nur unbefriedigende Ergebnisse bringt. Aus diesem Grunde findet man diese Arten unter der Gruppe der Kletterpflanzen mit Rankhilfen.

***Hedera*, der botanische Gattungsname des Efeus, stammt aus dem Griechischen und bedeutet »mit Haftwurzeln kletternd«. Die immergrünen Blätter sind das ganze Jahr über eine Zierde für jede Mauer oder Wand.**

***Hedera helix*, der Gemeine Efeu, läßt sich nicht nur als Kletterpflanze verwenden. Auch als Ampelgewächs besticht er mit seinen grünen Ranken.**

HEDERA
Efeu

Standort: Jeder gepflegte, frische Gartenboden
Wuchshöhe: als Kletterpflanze 10–15 m
Blütezeit: September–Oktober
Vermehrung: meist durch Stecklinge

Von den 15 *Hedera*-Arten, die zur Familie der Araliengewächse *(Araliaceae)* gehören und die in Europa, Nordafrika und Asien verbreitet sind, werden in Mitteleuropa in der Regel nur die beiden unten besprochenen Arten kultiviert. Es sind immergrüne, mit kurzen Haftwurzeln kletternde Sträucher, deren Blätter eine deutliche Heterophyllie (Verschiedenblättrigkeit) zeigen: bei jungen Pflanzen sehen sie klar anders aus als bei älteren. Die Blätter junger Pflanzen sind deutlich gelappt, an älteren, blühenden Zweigen sind sie dagegen weitgehend ungelappt. Erst im September–Oktober erscheinen die grünlich-gelben, zwittrigen, von Bienen stark besuchten Blüten in kleinen, halbkugeligen, unscheinbaren Dolden.

Allgemeine Merkmale. Alle kultivierten *Hedera*-Arten sind ausgezeichnete, robuste Kletterpflanzen, die aus eigener Kraft rasch Mauern und Wände begrünen können, sofern die Wandstruktur rauh genug ist. Betonwände, neue Klinkerwände und Wände mit glatten Kunststoffanstrichen können aus eigener Kraft nicht begrünt werden. Als Kletterpflanze schadet Efeu großen, gesunden Bäumen in der Regel nicht, denn die Triebe erreichen nicht die Peripherie der Kronen, sie können so den Blättern des Baumes deshalb auch nicht das notwendige Sonnenlicht nehmen. Die Haftwurzeln entziehen den Bäumen weder Wasser noch Nährstoffe, wie immer noch irrtümlich angenommen wird. Efeuarten sind auf genügend großen Flächen in halbschattigen und schattigen Lagen auf humosen, nahrhaften, frischen Böden auch ausgezeichnete Bodendekker. Schließlich sind einige Sorten von *Hedera helix* auch beliebte Topfpflanzen, die meist als Ampelpflanzen gehalten werden. Viele dieser Sorten sind meist so frostempfindlich, daß sie als Freilandpflanzen nicht verwendet werden können.

▽ ***Hedera helix***

Hedera colchica, der Kolchische Efeu, ist eine hochkletternde Art, die in Südosteuropa, in Kleinasien und dem Kaukasus heimisch ist. Die Triebe sind sehr steif, die Blätter 10–20 cm lang, derb ledrig, meist ganzrandig, selten etwas gelappt und stumpfgrün. Die Blüten sind wie bei *H. helix*, die zuletzt blauschwarzen Früchte etwas größer. *H. colchica* ist mit ihren großen Blättern eine sehr dekorative Art, die aber deutlich höhere Wärmeansprüche stellt als *H. helix*. An klimatisch günstigen Standorten wird besonders die Sorte 'Dentata Variegata' gern gepflanzt. Ihre Blätter sind dünner, heller und weniger stark glänzend als bei der Art, und am Rand mehr oder weniger breit rahmweiß gefärbt.

Hedera helix, Gemeiner Efeu. An Bäumen und Mauern bis 20 m hochkletternde oder auf der Erde kriechende Pflanze. Blätter der sterilen Triebe sind 3- bis 5lappig, 4–10 cm lang, dunkelgrün und haben oft weißliche Nerven. Die Blätter an fertilen Trieben sind eirautenförmig und ganzrandig. Blüten erscheinen in kleinen, kugeligen Dolden, die erst zu Trauben vereint sind. Blüte erst im September–Oktober; die schwarzen, kugeligen Früchte reifen erst im nächsten Jahr. *H. helix* ist in mancher Hin-

Symbolschlüssel:
- sonnig
- halbschattig
- schattig
- hoher Wasserbedarf
- normaler Wasserbedarf
- geringer Wasserbedarf
- hoher Nährstoffbedarf
- normaler Nährstoffbedarf
- geringer Nährstoffbedarf
- giftig

▽ ***Hedera helix* 'Eva'**

▽ ***H. helix* 'Gracilis'**

▽ ***H. colchica* 'Dentata'**

▽ ***H. helix* 'Telecurl'**

▽ ***H. helix* 'Merion Beauty'**

▽ ***H. helix* 'Manda's Crested'**

▽ ***H. helix* 'Atropurpurea'**

▽ ***H. helix* 'Erecta'**

▽ ***H. helix* 'Woerner'**

▽ ***H. helix* 'Anna Marie'**

▽ ***H. helix* 'Pedata'**

▽ ***H. helix* 'Deltoidea'**

sicht ein interessanter Vertreter der heimischen Flora: er ist der einzige mitteleuropäische Wurzelkletterer, bei dem es zu einer Arbeitsteilung zwischen Haft- und Nährwurzeln gekommen ist, und darüber hinaus die einzige immergrüne mitteleuropäische Liane. Er blüht zu einer sehr ungewöhnlichen Zeit und ist auch durch die Heterophyllie seiner Blätter bemerkenswert.
Die Jugendblätter sind gelappt und dunkelgrün gefärbt, wogegen die Altersblätter eher rautenförmig und heller, zum Teil leicht rötlich gefärbt sind. Gepflanzt werden kann der Gemeine Efeu sowohl im Frühjahr als auch im Herbst. Wichtig ist, daß man ihn bei Trockenheit ausreichend wässert. Ein besonderer Frostschutz ist auch bei strengen Wintern nicht erforderlich. Bei gefrorenem Boden und Sonnenschein kann jedoch der Efeu geschädigt werden, wenn er an einem vollsonnigen Standort steht. Die Pflanzen leiden dann unter Frosttrocknes, d.h. es wird Wasser über die immergrünen Blätter verdunstet und die Nachlieferung aus dem Boden ist nicht mehr gewährleistet. Dies ist bei der Standortwahl besonders zu beachten. Zudem hat es sich bewährt, die Triebe der jungen Pflanzen solange anzubinden, bis sie von selbst halten. Aus der sehr variablen Wildart sind eine Fülle vegetativ vermehrter Gartenformen entstanden, die sich vor allem durch die Form ihrer Blätter unterscheiden. Neben kletternden sind auch aufrechtwachsende, nicht kletternde Formen bekannt.

Kletternde oder kriechende Formen. 'Deltoidea', eine relativ schwach wachsende Form mit hübschen, ungeteilten, eiförmigen am Grunde tief herzförmigen, stumpf dunkelgrünen Blättern mit auffallend helleren Nerven. 'Goldheart', eine wüchsige Form mit ungleichgroßen, fast dreieckigen Blättern, deren Mitte goldgelb gefärbt ist. 'Goldheart' ist frosthärter als die meisten anderen gelbbunten Formen. 'Hibernica' ist ein raschwachsender Efeu mit 5lappigen, 5–12 cm breiten, stumpf dunkelgrünen Blättern. Wird bei uns als Kletterpflanze und Bodendecker besonders häufig gepflanzt und gelegentlich als eigene Art *(H. hibernica)* eingestuft. 'Plattensee' besticht durch große, frischgrüne Blätter, eine gute Verzweigung und besondere Winterhärte. 'Remscheid' ist eine ebenfalls sehr winterharte Selektion mit großen, dunkelgrünen Blättern, die eine auffallend helle Nervatur besitzen. Die Sorte wird auch unter dem Namen 'Woerner' angeboten.

***Parthenocissus* als Hausbegrünung.** **Dieses schöne alte Haus ist an einer Seite vollständig eingegrünt. Das verleiht dem Anwesen nicht nur einen gewissen Charme, sondern verbessert auch bauphysikalische Parameter.**

***Parthenocissus* mit Hedera.** **Unter den Selbstklimmern sind auch Kombinationen, wie hier im Bild aus Jungfernrebe und Efeu, möglich. Allerdings sollte man frühzeitig lenkend eingreifen, wenn eine Art zu stark zurückgedrängt wird.**

PARTHENOCISSUS

Jungfernrebe

Standort: sonnige bis halbschattige Lagen; jeder gepflegte Boden
Wuchshöhe: 15–20 m
Blütezeit: Juni–Juli, Blüten ohne Schmuckwirkung
Vermehrung: durch Aussaat, Steckholz oder Veredlung

Zur Familie der Weinrebengewächse *(Vitaceae)* gehören die 15 Arten der Gattung *Parthenocissus*, die vor allem in Nordamerika und Ostasien verbreitet sind. Die Kletterpflanzen aus der Gruppe der Rankenpflanzen sind mit mehr oder weniger reich verzweigten Ranken, die meisten mit markanten Haftscheiben ausgestattet, mit deren Hilfe sie sich auch ohne Kletterhilfen an Mauern und Fassaden anklammern können. Die Zweige aller Arten haben weißes Mark und auffallende Lentizellen. Die Blätter sind wechselständig, gelappt oder fingerförmig gegliedert und in der Regel lang gestielt, sie färben sich im Herbst meist sehr auffallend. Die kleinen, unscheinbaren Blüten sind meist zwittrig, selten polygam. Aus ihnen entwickeln sich ein- bis viersamige, dunkelblaue bis schwarze Beeren.

Allgemeine Merkmale. Die kultivierten *Parthenocissus*-Arten gehören zu den besonders häufig gepflanzten Klettersträuchern. Da man ihn in fast jeder Ortschaft findet, könnte man ihn fast zu den heimischen Pflanzen rechnen. Dank ihrer Haftwurzeln eignen sie sich für eine rasche Bekleidung von Mauern und Fassaden, die weniger gut haftenden Arten für die Berankung von Lauben und Pergolen. Ihre glänzenden, interessant geschnittenen Blätter sind das ganze Jahr über ein beachtlicher Schmuck, besonders aber im Herbst. In Kombination mit den weißen Blüten des Schlingknöterichs kommt die Herbstfärbung noch stärker zur Geltung. *Parthenocissus*-Arten sind anspruchslos an Lage und Boden, eine gute Herbstfärbung wird meist aber nur an sonnigen Standorten erreicht. *Parthenocissus*-Arten sind robuste, industriefeste, raschwachsende Klettersträucher, denen reichlich Platz zur Verfügung stehen muß. An zu niedrigen Hauswänden erobern sie nach wenigen Jahren das Dach. Man kann sie aber bis ins alte Holz zurückschneiden.

Parthenocissus inserta, Gemeine Jungfernrebe. Heimisch in Ostkanada und den nördlichen und mittleren USA, bis 8 m hoch kletternd, Triebe kräftig, im Alter gelblichgrau, Ranken 10–18 cm lang, mit 2–5 stark verlängerten Ästen, die sich um Stützen winden; Haftscheiben fehlen völlig oder sind verkümmert. Blätter meist fünfzählig, selten drei- oder siebenzählig, 4–13 cm lang, lang zugespitzt, an der Basis meist keilförmig, am Rand grob und scharf gesägt, oberseits glänzend dunkelgrün; sie färben sich im Herbst leuchtend scharlachrot. Blüten unscheinbar, gelblichgrün, Früchte blauschwarz. *P. inserta* gilt als extrem winterharte Art, die spät austreibt, aber auch zeitig ihr Laub fallen läßt. Sie eignet sich besonders gut zur Berankung von Pergolen. Zur Begrünung von Mauern sind Kletterhilfen notwendig.

▽ ***Parthenocissus* als Hausbegrünung**

▷ ***Parthenocissus* mit *Hedera***

***Parthenocissus tricuspidata*, die Dreispitz-Jungfernrebe, auch Wilder Wein genannt, ist ein starkwüchsiger, sommergrüner Selbstklimmer mit auffallender scharlachroter Herbstfärbung und blauschwarzen Beeren. Er eignet sich auch für ausgedehnte Wandflächen.**

***Parthenocissus tricuspidata* am Haus. Ein Höhepunkt im Gartenjahr ist erreicht, wenn sich der Wilde Wein zu verfärben beginnt. Einige Tage später wird dann das Haus in das leuchtende Rot des Herbstlaubs eingetaucht sein.**

Parthenocissus quinquefolia ist ein Schlinger mit feurig gefärbtem Herbstlaub. Er wird frei ausgepflanzt bis zu 12 m hoch und klettert mit Sproßranken, an deren Enden gelegentlich Haftscheiben sitzen. Die bis zu 12 cm großen, sommergrünen Blätter werden im Herbst eines nach dem anderen abgeworfen. Die unscheinbaren weiß-grünlichen Blüten sitzen in Rispen unter dem Laub. Sie duften stark und werden gern von Bienen besucht. Die erbsengroßen dunkelblauen Beerenfrüchte sind dagegen ein Lieblingsfutter der Vögel. Die Jungfernrebe wurde im Gegensatz zum Wilden Wein erst 1929 eingeführt. Bekannter als die Art sind inzwischen ihre Varietäten var. *engelmanii* und var. *hirsuta*.

▽ ***Parthenocissus tricuspidata***

Parthenocissus quinquefolia var. ***engelmannii*** ist häufiger in Kultur als die Art selbst, sie unterscheidet sich von dieser durch die schmaleren und zierlicheren, nur 3–4 cm breiten Blätter die sich im Herbst ebenfalls leuchtend karmin- und scharlachrot färben. Die Haftscheiben sind meist kräftiger entwickelt als bei der Art, so daß man diese Jungfernrebe zu den richtigen Selbstklimmern zählen kann. Sie eignet sich für Pergolen, Lauben, Höfe und überall dort, wo man nur wenig Platz für die Begrünung von Wänden oder Mauern vorfindet.

Parthenocissus tricuspidata, Dreispitz-Jungfernrebe. Heimisch in Japan, Korea, der Mandschurei und in Zentralchina, klettert bis über 20 m hoch, Zweige kräftig, im Alter braungrau; die Bildung von Luftwurzeln ist nicht selten, Äste können im Alter Durchmesser von über 10 cm erreichen. Ranken kurz, nur 2–3 cm lang, mit 6–10 rundlichen Haftscheiben fest haftend. Blätter sehr variabel, teils ungelappt, teils dreilappig bis dreizählig, 5–10 cm lang, bei Altersformen auch bis 25 cm. Blätter im Austrieb bronzefarben, später glänzend frisch- bis dunkelgrün, im Herbst orangegelb bis scharlachrot. Blüten grünlichgelb, Früchte blauschwarz, etwas bereift, 5–8 mm dick. *P. tricuspidata* ist wohl die am häufigsten gepflanzte Jungfernrebe, das gilt vor allem für die Sorte 'Veitchii'. 'Lowii', Blätter nur 3–4 cm lang, einfach oder dreizählig, am Rand eingeschnitten gezähnt oder unregelmäßig gelappt, selbstklimmend und schwachwüchsiger als die Stammform, Herbstfärbung tiefrot. 'Purpurea', Blätter wie bei 'Veitchii', aber purpurn, nicht vergrünend, Herbstfärbung schon 3 Wochen vor den übrigen Formen. 'Veitchii', Blätter kleiner als beim Typ, eiförmig ungelappt oder dreizählig, Blättchen mit 1–3 Zähnen an den Außenseiten; mit ihren zierlichen Blättern eine besonders häufig angebotene Form. Die Pflanzen sind anspruchslos bezüglich Boden und Lage. Bevorzugt werden sonnige und halbschattige Standorte. Selbst auf Rohböden kommen die Pflanzen noch gut zurecht. Voraussetzung ist allerdings, daß die Böden durchlässig und ausreichend feucht sind. Die Sorte 'Veitchii' eignet sich besonders für Pergolen, Lauben und zur schnellen Begrünung von Drahtgeflechten. Auf Dachterrassen, Balkonen oder Gartenhöfen kann man sie auch als Kübelpflanze verwenden.

▷ ***P. tricuspidata* am Haus**

KLETTERPFLANZEN MIT RANKHILFE

Die überwiegende Mehrzahl der ausdauernden Kletterpflanzen findet sich in dieser Gruppe; separate Kapitel sind den Kletterrosen, dem Spalierobst, den Einjährigen und den Zimmerpflanzen gewidmet. Für das vertikale Wachstum benötigen alle nachfolgenden Pflanzen eine Kletterhilfe. Drei verschiedene Klettermethoden werden unterschieden: Manche Pflanzen bilden spezielle Rankorgane aus, mit deren Hilfe sie sich an den Klettergerüsten festhalten können. Andere winden sich um die senkrechten Elemente der Rankgerüste herum und finden somit entsprechenden Halt. Und wieder andere zählt man zu den sogenannten Spreizklimmern, d. h. die einzelnen Triebe spreizen sich vorwiegend in horizontal verlaufenden Elementen von Spalieren ein. Die Rankhilfen bleiben bei allen drei Varianten immer sichtbar: Bei der Pflanzenauswahl sollten deshalb immer Art, Größe und Farbe dieser Stützen bedacht werden. Nähere Angaben finden sich im Kapitel »Gestaltungsmöglichkeiten« (S. 123).

Die bezaubernde *Clematis Hagley*-Hybride gehört zu der großen Gruppe der Kletterpflanzen, die auf eine Rankhilfe angewiesen sind.

***Actinidia kolomikta*, der Kolomikta-Strahlengriffel, ist ein sommergrüner Kletterer mit langen, oberseitig häufig cremeweißen oder rosagetönten Blättern. Im Sommer erscheinen weiße Strahlenblüten.**

***Actinidia chinensis* 'Hayward' ist eine Kiwi-Sorte, die sich auch in Mitteleuropa als Kletterpflanze kultivieren läßt. Besonders im Winter werden die Früchte als zusätzlicher Vitamin-C-Lieferant geschätzt.**

Symbolschlüssel:

- sonnig
- halbschattig
- schattig
- hoher Wasserbedarf
- normaler Wasserbedarf
- geringer Wasserbedarf
- hoher Nährstoffbedarf
- normaler Nährstoffbedarf
- geringer Nährstoffbedarf
- giftig

ACTINIDIA

Strahlengriffel

Standort: sonnig; auf normalen bis sauren Gartenböden
Wuchshöhe: 3–10 m
Blütezeit: Mai–Juni
Vermehrung: durch Aussaat und Stecklinge

Rund 40 Arten des Strahlengriffels aus der Familie der Strahlengriffelgewächse *(Actinidiaceae)* sind in Ostasien verbreitet. Es sind sommergrüne, linkswindende Lianen mit kahlen oder filzig behaarten Zweigen. Blätter wechselständig, einfach, gesägt oder gezähnt. Blüten zwittrig, polygam oder eingeschlechtlich, weiß, gelb oder rötlich, meist achselständig an Scheindolden, mit zahlreichen Staubblättern und Griffeln, die auf dem schon zur Blütezeit dicken Fruchtknoten strahlig gespreizt stehen. *Actinidia kolomikta* blüht im Mai, alle anderen Arten im Juni. Früchte erscheinen als vielsamige, runde oder längliche, kahle oder behaarte, eßbare Beeren. Die bei uns kultivierten Arten sind dekorative, üppigwachsende Klettergehölze mit auffallender Belaubung. Sie benötigen Klettergerüste und eignen sich gut zur Bekleidung von Fassaden, Mauern, Pergolen und Lauben. Strahlengriffel benötigen tiefgründige und lockere, ausreichend frische Böden und sonnige bis halbschattige Lagen. Bis auf die etwas empfindliche *A. chinensis* sind alle Arten auch in unseren Breiten ausreichend frosthart.

Actinidia arguta, Scharfzähniger Strahlengriffel. In der Heimat bis 20 m, bei uns 8–10 m hoch kletternder Strauch. Blätter breit-eiförmig, 8–12 cm lang, oben glänzend dunkelgrün, unten auf den Nerven borstig behaart, am Rand scharf und borstig gesägt. Blüten etwa 2 cm breit, reinweiß oder am Grunde mit gelblichem Fleck, duftend. Früchte 2–2,5 cm lang, eiförmig, gelbgrün, stachelbeerähnlich, süßsauer, eßbar. *A. arguta* ist eine wüchsige und anspruchslose Kletterpflanze.

Actinidia kolomikta, Kolomikta-Strahlengriffel. Mehr strauchig wachsend, etwa 3 m hoch, verträgt volle Sonne. Blätter breit-eilänglich, 10–15 cm lang, lang zugespitzt, unregelmäßig gesägt, dünn und weich, beiderseits mattgrün. Ein Teil der Blätter ist in der oberen Hälfte weiß, später rosa gefärbt. Diese Blattfärbung tritt bei männlichen Pflanzen stärker auf als bei weiblichen. Blüten 10–15 mm breit, weiß, duftend. Früchte reifen im September/Oktober, sind gelbgrün, bis 2 cm lang, wohlschmeckend.

▽ ***Actinidia kolomikta***

Actinidia polygama, Vielehiger Strahlengriffel. Bis 5 m hoch kletternd. Blätter breit-eiförmig bis länglich-eiförmig, 5–15 cm lang, lang zugespitzt, am Rand fein gezähnt, hautartig dünn, an der oberen Blatthälfte oft silberweiß gefärbt, vor allem bei männlichen Pflanzen. Blüten etwa 1,5 cm breit, weiß, duftend. Früchte 2–3 cm lang, eiförmig, bitter schmeckend. In den Ansprüchen und der Verwendung wie *A. arguta.*

Actinidia chinensis

Standort: Windgeschützte Lagen in Weinbaugebieten; saure Böden
Wuchshöhe: Spaliere 1,80 bis 2,00 m
Blütezeit: Ende Mai–Juni
Fruchtreife: November
Vermehrung: am besten durch Steckholz, auch Veredlung auf Sämlinge

Die Kiwi stammt aus China. Vor 100 Jahren kam sie als Zierpflanze nach Europa, vor 90 Jahren nach Neuseeland, wo sie seit 1910 kultiviert und nach dem Wappenvogel des Landes, dem sie in Form und Farbe ähnelt, »Kiwi« genannt wird. Der Anbau wurde in den letzten Jahrzehnten dort stark ausgeweitet, ebenso in den USA, Frankreich, Italien und vielen anderen Mittelmeerländern.

Allgemeine Merkmale. Kiwis sind Schlingpflanzen und bilden 5–8 m lange, behaarte Jahrestriebe. Blätter groß (12–18 cm), rund bis herzförmig. Die Pflanzen sind zweihäusig, haben also nur weibliche oder nur männliche Blüten. Austrieb Ende März, dekorative Blüten an der Basis der Jungtriebe in Büscheln oder Trugdolden ab Ende Mai; sie sind weiß, bis 5 cm groß, mit einem

▷ ***Actinidia chinensis* 'Hayward'**

***Actinidia chinensis* am Haus. In wintermilden Gegenden kann sich die Kiwi auch zum Balkonschmuck mausern.**

Frucht der *Actinidia chinensis*. Die Kiwipflanze ist zweihäusig; das bedeutet, daß es weibliche Exemplare gibt, die weibliche Blüten hervorbringen und fruchten, und männliche, die nur unscheinbar blühen. Wer Kiwifrüchte ernten will, muß weibliche und männliche Pflanzen setzen.

Strahlenkranz um den Griffel, die männlichen Blüten mit zahlreichen gelben Staubgefäßen. Die Fruchtentwicklung dauert etwa 5 Monate, Reife selten vor Anfang November. Die Früchte sind meist länglich-eiförmig, Gewicht 60–90 g, sortenbedingte Unterschiede in Form und Größe sind erheblich.

Ansprüche. Das Holz verträgt Winterfröste bis etwa −10 °C, aber die Jungtriebe werden schon durch leichte Spätfröste geschädigt. Aus schlafenden Knospen (»Augen«) bilden sich dann neue Triebe, die Blüte beginnt aber rund drei Wochen später, was zu Ertragsminderung, kleinen Früchten und schlechter Ausreife führt. Frühfröste im Herbst schädigen Laub und Früchte vor der Ernte. Zwischen Blüte und Reife sind 2200–2500 Sonnenscheinstunden nötig. In Mitteleuropa ist die Kultur deshalb nur in Lagen mit langer Vegetationszeit möglich. Laub und Früchte sehr windempfindlich, Windschutz deshalb unerläßlich. Der Wasserbedarf ist vom Frühjahr bis zum Herbst sehr hoch. Der Boden muß ständig feucht, aber gut drainiert sein, sonst treten Wurzelfäulen auf. Der Boden sollte leicht bis deutlich sauer sein (pH-Wert 4,0–6,0). Zu hoher Kalkgehalt führt zu gelben Blättern (Chlorosen) und Mindererträgen.

Vermehrung. Generell durch Aussaat; doch die Sämlinge sind zur Hälfte unfruchtbar, weil rein männlich, und auch die weiblichen Pflanzen bringen meist minderwertige Früchte. Deshalb ist die Vermehrung durch Steckholz unbedingt vorzuziehen.

Krankheiten und Schädlinge. Bisher beim Anbau in Mitteleuropa kaum aufgetreten, mit Ausnahme der Verticillium-Welke, bei der besonders die jungen Pflanzen im Sommer plötzlich eintrocknen und dann nicht mehr zu retten sind.

Kulturanleitung und Pflegetips. Die Pflanzung erfolgt an kräftigen Spalieren von 2,00 m Höhe mit drei Spanndrähten, deren unterster in 0,80 m anzubringen ist. Pflanzabstand in der Reihe 3–5 m, zwischen den Spalieren 3 m. Vorher tiefgründige Lockerung und Anreicherung des Bodens mit Torfmull und Kompost. Zur Bestäubung ist mindestens eine männliche Pflanze für maximal 7 weibliche erforderlich. Durch Rückschnitt des Austriebs wird die Bildung von Seitentrieben angeregt, mit denen das Spalier bekleidet wird. In den ersten Jahren sind die Triebe um die Drähte zu winden, später ranken sie allein. Vom dritten Jahr an ist mit Früchten zu rechnen, die sich an der Triebbasis bilden. Je Trieb sollten nicht mehr als 3–4 Jungfrüchte belassen werden, um Fruchtgröße und Ausreife zu verbessern. Im Winter überflüssige Triebe auslichten und bis auf Astring entfernen, aber auch in den Sommermonaten regelmäßig schneiden. So oft die Jungtriebe über dem Fruchtansatz etwa einen Meter lang geworden sind, werden sie über dem 5. Blatt abgeschnitten, andernfalls behindern sie die Fruchtentwicklung. Einkürzen (3–5 m während der Wachstumsperiode) fördert die Verzweigung und schafft Fruchtholz, das nach drei bis vier Jahren überaltert und dann auf Astring entfernt wird. Alljährlich werden neue Triebe zum Ersatz des alten Fruchtholzes nachgezogen. Zur regelmäßigen Düngung wird verrotteter Stalldung oder Kompost als Bodendecke aufgebracht. Die Mineraldüngung darf, soweit erforderlich, ausschließlich mit sauren Düngemitteln erfolgen. Kalkung muß unterbleiben.

Sortenempfehlungen. Folgende Sorten eignen sich für Mitteleuropa: 'Hayward', starkwüchsig, 15 m^2 Standraum nötig. Blüht und reift spät. Früchte groß, bauchig, dichter Pelz, olivfarben. Schale bei Genußreife leicht abzuziehen, Geschmack süßsäuerlich, fein aromatisch. Ertrag hoch. Qualitativ beste Sorte. 'Bruno', mittelstark, im Vollertrag schwachwachsend. Früchte länglich-walzenförmig, dunkelgelb, hängen dicht, meist Ausdünnen nötig. Geschmack säuerlich, weniger aromatisch als 'Hayward'. Ertrag sehr hoch. 'Monty' und 'Abbott' haben deutlich kleinere Früchte und geringere Erträge.

▽ ***Actinidia chinensis* am Haus**

▷ **Frucht der *Actinidia chinensis***

***Akebia quinata*, die Akebie, bleibt an geschütztem Stand und in milden Wintern immergrün. Die violettbraunen bis rosa Blüten duften nach Vanille.**

***Aristolochia durior*, die Pfeifenwinde, eignet sich mit ihrer Blätterpracht gut für besondere Akzente.**

***Aristolochia elegans*, eine weitere Pfeifenwinden-Art, besitzt herzförmige Blätter und bis zu 12 cm große, braunrot marmorierte Blüten, die im Sommer erscheinen.**

***Aristolochia macrophylla*, die bei uns verbreitetste Pfeifenwinden-Art, schafft mit ihren großen Blättern auch in heißen Sommern angenehmen Schatten. Sie gedeiht aber auch an halbschattigen Standorten**

AKEBIA QUINATA

Fingerblättrige Akebie

Standort: sonnig bis halbschattig; auf normalen Gartenböden
Wuchshöhe: 8–10 m
Blütezeit: Mai
Vermehrung: durch Aussaat

Die üppigwachsende Liane aus der Pflanzenfamilie der Fingerfruchtgewächse *(Lardizabalaceae)* ist von Mittelchina bis Japan und Korea nur mit 5 Arten verbreitet, Blätter fünffingrig, Blättchen 3–6 cm lang, derb, oben dunkelgrün, unten bläulichgrün. Blüten eingeschlechtlich, in achselständigen, hängenden Trauben, die unteren Blüten weiblich, violettbraun und 2–3 cm breit, die oberen männlich, kleiner und rosa gefärbt. Früchte 5–10 cm lang, zur Reife balgartig geöffnet; werden selten ausgebildet. Die Pflanze stellt keine besonderen Ansprüche. Geeignet zur Berankung von Fassaden, Mauern, Pergolen und Lauben in warmen, sonnigen Lagen. Kletterhilfen erforderlich.

Pflegetips. Die Pflanzen werden sehr häufig im Handel angeboten. Bei der Pflanzlochvorbereitung achtet man darauf, daß der Untergrund gut entwässert ist, da die Akebien sehr empfindlich auf zuviel Nässe im Wurzelbereich reagieren. Die beste Pflanzzeit ist das Frühjahr. Bei Herbstpflanzung ist ein leichter Winterschutz anzuraten. Ein Rückschnitt wird von den Pflanzen in der Regel gut ertragen. Vorteilhafterweise schneidet man unerwünschte Triebe nach der Blüte im Frühsommer zurück. Durch einen regelmäßigen Schnitt verhindert man außerdem ein zu starkes Verkahlen des unteren Bereichs. Die Akebie neigt in rauhen Klimaten oft zu Holzschäden.

△ ***Akebia quinata***

▽ ***Aristolochia durior***

▽ ***Aristolochia elegans***

ARISTOLOCHIA MACROPHYLLA

Pfeifenwinde, Pfeifenblume, Osterluzei

Standort: sonnig bis halbschattig; auf jedem normalen Gartenboden
Wuchshöhe: 8–10 m
Blütezeit: Mai
Vermehrung: durch Aussaat und Ableger

Mit 350 Arten ist die Gattung *Aristolochia* aus der Familie der Osterluzeigewächse *(Aristolochiaceae)* überwiegend in den Tropen verbreitet. Die rasch wachsende *Aristolochia macrophylla* ist in den Laubwäldern des östlichen Nordamerikas heimisch. Blätter wechselständig, langgestielt, herz-nierenförmig, 10 bis 30 cm lang. Blüten an langen Stielen hängend, gelblichgrün bis bräunlich, pfeifenartig gebogen, mit breitem, dreilappigem, braunrotpunktiertem und gestreiftem Saum. Blüten sind zum vorübergehenden Festhalten von bestäubenden Insekten als »Kesselfallen« ausgebildet. Sie riechen unangenehm. Für uns ist sie eine dekorative, dicht belaubte Kletterpflanze ohne besondere Ansprüche an Standort und Boden, geeignet für die rasche Bekleidung von Lauben, Pergolen und Fassaden.

Pflegetips. Bei trockenem Wetter im Sommer Pflanzen ausreichend wässern, vor allem bei begrenztem Wurzelraum. Die Pfeifenwinde hat zudem einen hohen Nährstoffbedarf. Sie sollte daher jährlich mit einem organischen Langzeitdünger versorgt werden. Für die Pflanzung eignet sich sowohl das Frühjahr wie auch der Herbst. Ein Rückschnitt wird von der Pfeifenwinde gut ertragen, wobei ein regelmäßiger Schnitt die Verzweigung fördert.

▷ ***Aristolochia macrophylla***

***Campsis radicans*, die Trompetenblume, besitzt eine schier überwältigende Blüte. Bei uns ist diese Kletterpflanze etwas zu unrecht nicht sehr häufig. Die Triebe frieren zwar regelmäßig zurück; im Frühjahr treibt die Pflanze jedoch immer wieder aus dem alten Holz aus.**

***Celastrus orbiculatus*, der Baumwürger, dagegen kann nur mit einer eher unscheinbaren Blüte aufwarten. Dafür sind die Früchte sehr dekorativ und halten auch sehr gut in der Vase.**

***Celastrus orbiculatus* mit Herbstfärbung. Der Baumwürger ist ein relativ anspruchsloser Kletterer. Die hellgrünen Blätter verfärben sich im Herbst auffallend gelb. In manchen Fällen können die unzähligen Wurzelausläufer zum Problem werden. Man sticht sie dann einfach mit dem Spaten ab.**

CAMPSIS

Klettertrompete, Trompetenblume

Standort: sonnig, warm und geschützt; auf humosen, nahrhaften Gartenböden
Wuchshöhe: 8–10 m
Blütezeit: Juli–September
Vermehrung: durch Aussaat und Wurzelschnittlinge

Nur zwei Arten umfaßt die zur Familie der Trompetenbaumgewächse *(Bignoniaceae)* gehörende Gattung. *Campsis grandiflora* ist in China, *Campsis radicans* in Nordamerika heimisch. In Mitteleuropa sind nur *Campsis radicans* und *Campsis* x *tagliabuana (C. grandiflora* x *C. radicans)* ausreichend frosthart. Beide sind starkwachsende Kletterpflanzen mit gegenständigen, unpaarig gefiederten Blättern und trompetenförmigen, scharlach- oder karminroten Blüten mit röhrig-glockigem Kelch und fünflappiger Blütenkrone. Sie benötigen einen vollsonnigen, windgeschützten, warmen Standort in wintermilden Klimazonen. Nur dort sind sie dankbare spätblühende Kletterpflanzen für die Bekleidung von Mauern und Fassaden. Ihre Haftwurzeln sind nur relativ schwach entwickelt, deshalb empfiehlt sich ein gelegentliches Anheften der Triebe. Die Blüten sitzen in Büscheln am Ende der diesjährigen Triebe. Die langen Triebe werden jährlich zurückgeschnitten, um Verzweigung und dichten Wuchs zu fördern. Wählt man den Spätwinter bzw. das zeitige Frühjahr für den Rückschnitt, so wird zudem die Blühwilligkeit erhöht.

Pflegetips. Die frostempfindliche Trompetenblume friert an kühleren Standorten zwar im Winter gerne zurück. Dies betrifft jedoch vor allem die nicht verholzten Teile. Wenn zudem die unteren Partien einen Winterschutz erhalten, treiben die Pflanzen im Frühjahr sehr willig wieder aus.

△ ***Campsis radicans***
▽ ***Celastrus orbiculatus***

CELASTRUS ORBICULATUS

Baumwürger

Standort: sonnig bis halbschattig; auf jedem Boden
Wuchshöhe: 8–12 m
Blütezeit: Juni
Vermehrung: durch Aussaat und Wurzelschnittlinge

Mit rund 35 Arten ist *Celastrus* aus der Familie der Spindelbaumgewächse *(Celastraceae)* in Australien, Asien, Afrika und Nordamerika vertreten. *Celastrus orbiculatus*, der Baumwürger, ist die für uns wichtigste Art. Eine sehr robuste und gesunde, anspruchslose Liane, die zur Bekleidung von Pergolen, Lauben und Torbögen zu empfehlen ist. Die Sprosse der raschwachsenden Lianen winden sich in der Natur eng um ihre Stützpflanzen. In Kultur braucht sie Rankgerüste.
Blätter rundlich bis breit-eiförmig, 5–10 cm lang, am Grunde breit-keilförmig, beiderseits hellgrün, im Herbst schön gelb gefärbt. Die Blüten sind zweihäusig und unscheinbar, blühen in endständigen, grünlichen Rispen. Weibliche Pflanzen tragen im Herbst eine Fülle kleiner, rundlicher Kapselfrüchte, die sich dreiklappig öffnen. Die gelben Samen sind von einem fleischigen Mantel umgeben. Die auffallenden Früchte halten sich bis weit in den Winter an den Zweigen, sie geben einen dankbaren Vasenschmuck ab. Ein reicher Fruchtschmuck ist nur zu erwarten, wenn Pflanzen beiderlei Geschlechts gepflanzt werden.

Pflegetips. Bevorzugt werden sonnige bis halbschattige Standorte und nicht zu trockene Böden. Der Baumwürger benötigt keinen Winterschutz.

▷ ***Celastrus orbiculatus* mit Herbstfärbung**

CLEMATIS

Waldrebe, Clematis

Standort: Halbschatten, etwas lehmhaltiger, durchlässiger Boden
Wuchshöhe: meist zwischen 2 und 4 m
Blütezeit: je nach Art Mai – Okt.
Vermehrung: durch Aussaat, Stecklinge und Veredelung

Die Waldreben aus der Pflanzenfamilie der Hahnenfußgewächse *(Ranunculaceae)* sind mit Blattstielen rankende, verholzende Lianen. Ihre Blätter sind gegenständig, dreizählig oder unpaarig gefiedert, unregelmäßig zusammengesetzt oder einfach; die Blüten meist zwittrig, röhrenförmig bis tellerförmig mit vielen Zwischenformen, einzeln oder in end- bzw. seitenständigen Rispen. Die Blüten haben in der Regel 4 Blütenblätter, selten 5, 6 oder 8. Die Staub- und Fruchtblätter sind zahlreich. Die Fruchtblätter entwickeln sich zu Nüßchen mit bleibendem Griffel, der sich oft zu einem fedrig behaarten Schweif auswächst. Es gibt etwa 250 Arten in der nördlichen Hemisphäre, einige Arten auch in Australien und Neuseeland. Hauptverbreitung in Ostasien, Nordamerika und Europa (mit 10 Arten).

Neben den Wildarten, von denen nur wenige in Kultur sind, werden in den Gärten überwiegend die sogenannten großblumigen Hybriden kultiviert.

Wildarten. Für die Anpflanzung im Garten eignen sich u. a. die folgenden Arten:

Clematis alpina, Alpenwaldrebe. Schwachwachsend, zierlich, 2–3 m hoch kletternd. Blüten einzeln, lang gestielt, Blütenblätter 3–4 cm lang, schmal, weit gespreizt, blau in verschiedenen Schattierungen. Blütezeit Mai–Juni. Heimisch in den Alpen.

Die schönsten Clematis-Sorten

Sorte	Blütenfärbung	Blütezeit
'Barbara Jackman'	dunkelviolett, Mittelstreifen magentarot	Mai–Juni
'Boskoop Beauty'	hellblau, Mittelstreifen violettpurpur	Juni–Juli
'Capitaine Thuilleaux'	hellrosa, Mittelstreifen purpurrosa	Mai–Juni
'Dorothy Walton'	hellpurpur	Juli–September
'Dr. Ruppel'	weißrosa, Mittelband purpurrosa	Mai–Juni
'Duchess of Edinburgh'	rahmweis, gefüllt	Juli–September
'Ernest Markham'	petunienrot	Juli–September
'Etoile de Malicorne'	violettweiß, Mittelstreifen violettpurpur	Mai–Juni
'Etoile Violette'	dunkelpurpur	Juni–September
'General Sikorski'	violettblau	Juni–Juli
'Gipsy Queen'	dunkelpurpur mit rötlichen Adern	Juli–September
'Guiding Star'	tief violettrot	Juli–September
'Hagley Hybrid'	tief rosa	Juli–September
'Henryi'	weiß	Juni–Juli
'Huldine'	perlmuttweiß	Juli–September
'Jackmanii'	dunkelblau	Juli–September
'Jackmanii superba'	dunkel purpurblau	Juli–September
'Kathleen Dunford'	hellpurpur	Mai–Juni
'Lady Betty Balfour'	purpurblau	September–Oktober
'Lady Northcliffe'	lavendelblau	Juni–Juli
'Lasurstern'	violettblau	Mai–Juni
'Madame Julia Correvon'	tief weinrot	Juli–September
'Madame le Coultre'	weiß	Juni–Juli
'Margaret Hunt'	matt purpurrosa	Juli–September
'Miss Bateman'	weiß	Mai–Juni
'Mrs. Cholmondeley'	lavendelblau	Juni–Juli
'Mrs. N. Thompson'	violettblau, Mittelstreifen purpurrot	Mai–Juni
'Mrs. Spencer Castle'	rosa, halbgefüllt	Juli–September
'Nelly Moser'	rosalila, Mittelstreifen rot	Mai–Juni
'Niobe'	tiefrot bis dunkelpurpurrot	Juli–September
'Perle d'Azur'	himmelblau	Juli–September
'Pink Fantasy'	hellrosa, schwach purpurrot gestreift	Juli–September
'Rouge Cardinal'	samtig dunkelrot	Juli–September
'Silver Moon'	violettweiß	Juli–September
'Star of India'	dunkel purpurblau	Juli–September
'The President'	violettblau	Mai–Juni
'Twilight'	dunkel purpurrosa	Juli–September
'Ville de Lyon'	purpurrot	Juli–September
'Violet Charm'	purpurblau	Juli–September
'Vyvyan Penell'	purpurblau, gefüllt	Mai–Juni
'W. E. Gladstone'	hell violettblau	Juli–September
'William Kennett'	hell violettblau	Juli–September
'Xerces'	purpurblau	Mai–Juni

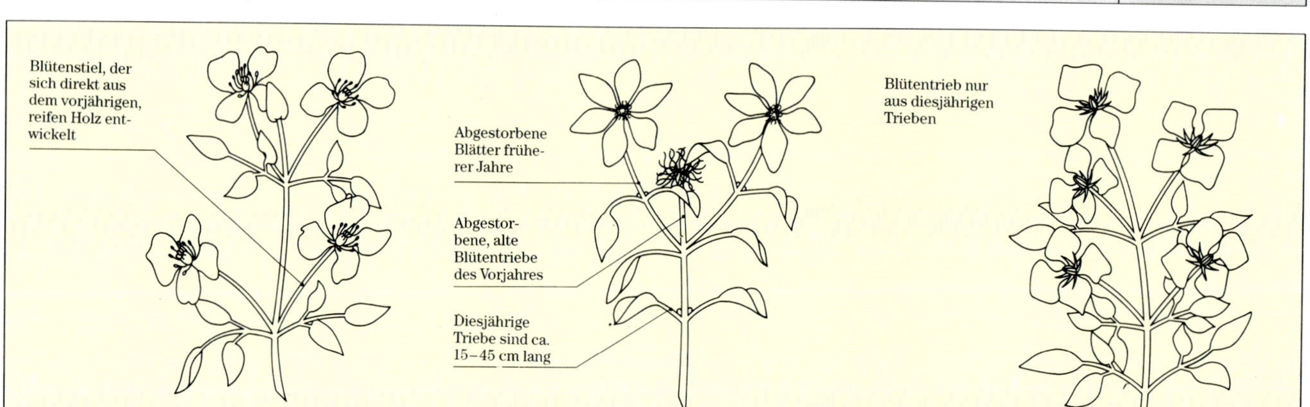

Clematis-Sortenübersicht. Wegen der Vielfalt ihrer Formen und Blütenfarben ebenso wie aufgrund ihrer großen Anpassungsfähigkeit an Lage und Klima gehören *Clematis* zu den beliebtesten Kletterpflanzen. Die Vielzahl der Sorten läßt sich in drei Gruppen einteilen. Sie stellen auch unterschiedliche Anforderungen an den Schnitt. Die typische Form jeder Gruppe zeigen die drei Zeichnungen links unten.

Gruppe 1. Frühblühende Wildarten, Alpina, Macropetala- und Montana-Typen. Meist starkwüchsig. Eignen sich besonders zum Begrünen von Häusern, Gerüsten.
Blütentriebe entstehen aus den Trieben des Vorjahres. Können nach der Blüte zurückgeschnitten werden, um neues Wachstum anzuregen und viele Triebe für das nächste Jahr zu erhalten. Abgestorbene, beschädigte und umherwuchernde Triebe entfernen.

Gruppe 2. Frühe, großblumige Hybriden. Schwächerwachsend, blühen oft vom Frühsommer bis zum Herbst mit großen, auffälligen Blüten in vielen Farben. Sehen gerade in Kombination mit anderen Kletterpflanzen, Bäumen oder Sträuchern sehr attraktiv aus. Blüten entstehen an kurzen, diesjährigen Trieben. Vor dem Neuaustrieb im zeitigen Frühjahr zurückschneiden; bei zu spätem Schnitt von Formen, die von Mai bis Anfang Juli blühen, erfolgt im selben Jahr keine Blüte. Bei diesen Pflanzen kann der Schnitt auch unmittelbar nach der Blüte erfolgen. Abgestorbene und beschädigte Triebe bis auf die starken, mit Knospen in den Blattachseln versehenen Teile zurücknehmen. Diese Knospen bringen den ersten Flor.

Gruppe 3. Späte, großblumige Hybriden, spätblühende Arten, kleinblumige Hybriden und krautige Wildarten. Blüten entwickeln sich nur an diesjährigen Trieben. Rückschnitt vor dem neuen Austrieb im zeitigen Frühjahr. Sämtliches Altholz entfernen bis auf einige starke Knospen in den Blattachseln (15–30 cm über dem Boden).

▽ 'H. F. Young' (2)

▽ 'Sieboldii' (3)

▽ 'Nelly Moser' (2)

▽ 'Duchess of Albany' (3)

▽ 'Henryi' (2)

▽ 'Gravetye Beauty' (3)

▽ 'Frances Rivis' (1)

▽ *C. montana* (1)

▽ 'Mme. J. Correvon' (3)

▽ *C. rehderiana* (3)

Clematis montana, die Anemonenwaldrebe, ist in unseren Gärten weit verbreitet. Die Pflanzen sind relativ robust und regenerieren sich auch erstaunlich schnell bei gelegentlichem Rückfrieren in besonders kalten Wintern.

Clematis-Hybride 'Ville de Lyon'. Diese Kulturform ist ein typisches Exemplar aus dem sehr umfangreichen Hybriden-Sortiment. Gegenüber den Wildarten ist ihre Wüchsigkeit eingeschränkt. Dafür sind die beliebten Kletterer umso reichblütiger, wobei auch die Einzelblüte größer ist.

Aus der Wildart sind einige Sorten ausgelesen worden: 'Francis Rivis', Blüten besonders groß, tiefblau gefärbt. 'Pamela Jackman', Blüten tief azurblau, Blütenblätter sehr schmal, leicht remontierend. 'White Moon', spätblühende Auslese mit reinweißen, gefüllten Blüten.
Mit ihrer reichen Blüte gehören die Wildarten samt ihren Sorten zu den schönsten Waldreben für kühle Lagen im Steingarten.

Clematis heracleifolia, Großblättrige Waldrebe. Bis 1 m hoher, buschiger Halbstrauch. Blüten 2–2,5 cm lang, röhrig, hyazinthenähnlich, blaßblau, in vielblütigen Büscheln über dem Laub; Blütezeit August bis September. Heimisch in Ostchina. Robuste Art mit dem Charakter eines kleinen Blütenstrauches, die in allen Gartenbereichen wächst.

Clematis integrifolia, Ganzblättrige Waldrebe. Ausdauernde Staude, 50–70 cm hoch. Stengel zunächst aufrecht, später niederliegend. Blüten einzeln, endständig, langgestielt, nickend, die 4 Blütenblätter flach ausgebreitet, purpur bis dunkelblau; Blütezeit Juni-August. Im Herbst zahlreiche, silbrig glänzende Fruchtstände. Heimisch von Südosteuropa bis Mittelrußland.

▽ ***Clematis montana***

Clematis x jackmanii (*C. lanuginosa* x *C. viticella*), robuster, 3–4 m hoher Kletterstrauch. Blüten meist zu dritt, langgestielt, in großer Zahl an den Enden der diesjährigen Triebe, violettpurpur, 10–14 cm breit, die Blütenblätter flach ausgebreitet; Blütezeit Juli-Oktober.
1960 in der Baumschule Jackman, England, entstanden. Erste Kreuzung zwischen einer europäischen und einer ostasiatischen Art und erste Sorte mit großen, tellerförmigen, blauen Blüten. Später wurde sie Elternteil zahlreicher großblumiger Hybriden. *C.* x *jackmanii* gehört auch heute noch zum Standardsortiment, ein ausgesprochener Massenblüher für alle Verwendungsbereiche.

Clematis macropetala, Großblütige Alpenwaldrebe. 2–3 m hohe, verholzende Kletterpflanze. Blüten einzeln, nickend, bis 10 cm breit. Blütenblätter zu viert, blau oder blauviolett; Blütezeit Mai-Juni. Verbreitet in Nordchina, der Mandschurei und Sibirien. Gilt mit ihren wie gefüllt wirkenden, reichen Blüten und dem etwas bronzefarbenen Laub als eine der schönsten Arten für den Steingarten. Die Pflanzen sind auch bei uns absolut winterhart. Neben der Wildart auch Sorten mit teilweise abweichenden Blütenfarben: 'Bluebird', Blüten sehr groß, fast schwarzblau; 'Maidwell Hall', Blüten rein lavendelblau, halbgefüllt; 'Marham's Pink', Blüten kräftig purpurrosa; 'Rosy O'Grady', Blüten halbgefüllt, sternförmig, rosa. 'White Moth', Blüten reinweiß.

Clematis maximowicziana, Rispenblütige Waldrebe. Starkwachsend, bis 8 m hoch. Blüten weiß, wohlriechend, 3 cm breit, in reichblühenden Rispen; Blütezeit September bis Oktober. Heimisch in Japan. Überaus reich blühender Herbstblüher, der einen sonnigen und warmen Standort liebt.

▷ ***Clematis*-Hybride 'Ville de Lyon'**

Clematis montana, Anemonenwaldrebe. Starkwachsend, bis 8 m hoch. Blüten weiß, leicht duftend, die 4 Blütenblätter weit gespreizt, zu 1–5 in Büscheln am alten Holz. Blüht im Mai. Verbreitet im Himalaya, in Mittel- und Westchina. *C. montana* ist die in unseren Gärten wohl am häufigsten gepflanzte Wildart. Sie blüht reich, wächst üppig, ist anspruchslos und kann rasch auch große Fassaden, Lauben und Pergolen begrünen. Empfehlenswerte Sorten: var. *rubens*, Blätter im Austrieb purpurn, Blüten rosarot; 'Tetrarosa', Blüten lilarosa, bis 8 cm breit, starkwüchsig und sehr reich blühend.

Clematis orientalis, Orientalische Waldrebe. 3–5 m hoch kletternd. Blüten gelb, breitglockig, 3–5 cm breit, die 4 Blütenblätter dick und fleischig; Blütezeit August-September. Nach der Blüte reicher Ansatz silbriger Fruchtstände. Verbreitet von Südosteuropa bis nach Nordchina und in die Mandschurei. Mit ihren gelben Blüten und dem farnartig zerteilten Laub eine dekorative Wildart.

Clematis recta, Aufrechte Waldrebe. Etwa 1 m hohe Staude. Triebe aufrecht bis niederliegend, nicht kletternd. Blüten milchweiß, 1,5 cm lang, sehr zahlreich in großen, aufrechten Rispen; Blütezeit Juni-Juli. Sehr langlebige Staude für sonnige bis halbschattige Plätze. Heimisch von Süd- und Mitteleuropa bis zum gemäßigten Asien.

Clematis tangutica, Mongolische Waldrebe. Bis 5 cm hoch, Blüten gelb, bis 8 cm breit, zunächst breit glockig, später stark gespreizt, meist einzeln, nickend. Blütezeit Juni-Juli und September-Oktober. Nach der Blüte zahlreiche fedrige, silbrige Fruchtstände. Verbreitet von der Mongolei bis Nordwestchina. Die anspruchsloseste unter den gelbblühenden Wildarten.

Farbgruppen Clematis-Hybriden

Weiß	reinweiß	rahmweiß	violettweiß
	'Henryi' 'Madame le Coultre' 'Miss Bateman'	'Duchess of Edinburgh'	'Huldine' 'Silver Moon'
Rosa	hellrosa	rosa	dunkelrosa
	'Pink Fantasy'	'Comtesse de Bouchaud' 'Hagley Hybrid' 'Margaret Hunt' 'Mrs. Spencer Castle'	'Twilight'
Rot	rot	dunkelrot	purpurrot
	'Rouge Cardinal'	'Madame Jules Correvon' 'Niobe'	'Ernest Markham' 'Ville de Lyon'
Purpur	hellpurpur	purpurblau	dunkelpurpurblau
	'Dorothy Walton' 'Kathleen Dunford'	'Lady Betty Balfour' 'Prins Hendrik' 'Violet Charm' 'Vyvyan Penell' 'Xerces'	'Etoile Violette' 'Gipsy Queen' 'Jackmanii Superba' 'Lilacina Floribunda' 'Star of India'
Blau	hellblau	blau	dunkelblau
	'General Sikorski' 'Lawsoniana' 'Mrs. Cholmondeley' 'Perle d'Azur' 'W. E. Gladstone' 'William Kennett'	'Lady Northcliffe' 'Lasurstern'	'Jackmanii' 'The President'
Gestreift	rosaweiß/purpurrosa	violettweiß/violettpurpur	violettblau/purpurrot
	'Bees Jubilee' 'Capitaine Thuilleaux' 'Dr. Ruppel' 'John Paul II.' 'Nelly Moser'	'Barbara Jackman' 'Boskoop Beauty' 'Etoile de Malicorne'	'Mrs. N. Thompson'

Clematis texensis, Texas-Waldrebe. Bis 2 m hoch, halbstrauchig oder nur staudig. Blüten einzeln, krugförmig, 2–3 cm lang, scharlachrot oder karmin; Blütezeit Juli-September. Heimisch in Texas. Sehr schöne, aber seltene Art, von der auch einige Sorten bekannt sind. Es handelt sich um Auslesen mit abweichenden Farben, größeren, glockenförmigen Blüten und reichem Blütenansatz.

Clematis vitalba, Gemeine Waldrebe. Üppig und rasch wachsend, bis 10 m hoch. Blüten weiß, schwach duftend, etwa 2 cm breit, zahlreiche Staubblätter; Blütezeit Juli-September. Heimisch von West- und Mitteleuropa bis zum Kaukasus. Die Gemeine Waldrebe gehört zu den wenigen Lianen der heimischen Flora. Sie besiedelt Auenwälder, feuchte Waldränder und schattige Hänge auf nährstoffreichen, durchlässigen Böden. Ihr Wuchs ist so üppig, daß sie ganze Buschgruppen überranken und bis in die Krone hoher Bäume wachsen kann. Sie eignet sich nur für größere Anlagen.

Clematis viticella, Italienische Waldrebe. Bis 4 m hoch kletternd. Blüten meist einzeln auf langen Stielen, 3–5 cm breit, die 4 Blütenblätter flach ausgebreitet, purpurrosa bis violett; Blütezeit Juli-September. Verbreitet von Südosteuropa bis zum Kaukasus. *C. viticella* wird schon seit Jahrhunderten in Gärten kul-

Sorten von *C. viticella*

'Abundance'	Blüten weinrot mit stärker gefärbten Nerven
'Alba Luxurians'	Blüten weiß mit grünen Spitzen
'Albiflora'	Blüten reinweiß
'Kermesina'	Blüten tief weinrot
'Minuet'	Blüten cremeweiß, hellviolett umrandet
'Purpurea Plena'	Blüten purpurblau, gefüllt
'Rubra'	Blüten weinrot
'Royal Velours'	Blüten samtig violett, dunkelste Sorte
'Venosa Violacea'	Blüten rötlichblau, weiß geadert

tiviert. Sie wurde im vergangenen Jahrhundert mit den neu eingeführten ostasiatischen Arten gekreuzt und ist so am Zustandekommen der großblumigen Hybriden beteiligt. Neben den großblumigen Sorten der Viticella-Gruppe kennen wir auch Sorten mit kleinen Blüten, sie haben sich etwas vom natürlichen Charme der Wildart bewahrt.

Großblumige Hybriden. Als Gartenpflanzen werden Clematis-Hybriden mit ihren großen und auffallend gefärbten Blüten in der Regel den Wildarten vorgezogen. Am Zustandekommen dieser Hybriden sind nur wenige Wildarten beteiligt, neben den in Europa heimischen *C. viticella* und *C. integrifolia* die aus Japan und China stammenden *C. florida*, *C. patens* und *C. lanuginosa*. Die erste Kreuzung zwischen einer europäischen und einer ostasiatischen Art wurde 1860 in England vorgenommen. Aus den Sämlingen dieser Kreuzung hat man *C.* x *jackmanii* ausgelesen. Heute kennen wir mehr als 500 Sorten großblumiger Clematis-Hybriden. In der Regel werden nur wenige davon angeboten.
Die in Holland kultivierten Sorten sind einer Prüfung unterzogen worden, bei der Zierwert und Wüchsigkeit bonitiert wurden. Die Sorten in der Tabelle links bekamen positive Bewertungen.
Im Bericht über die schon erwähnte Sortimentsprüfung in Holland sind die bei den Prüfungskriterien »Zierwert« und »Wuchs« positiv bewerteten Sorten nach Farbgruppen zusammengestellt worden; das Ergebnis zeigt die Tabelle S. 36.

Verwendung. Waldreben oder *Clematis* gehören zu den schönsten aller winterharten Lianen. Sie lassen sich an zahlreichen Gartenplätzen ansiedeln. Dazu gehören nicht nur Mauern und Hausfassaden, sondern auch Zäune, Lauben, Laubengänge, Pergolen, Sichtschutzwände oder freistehende Klettergerüste. Viele Arten beeindrucken durch einen zauberhaften Blüten- und Fruchtschmuck. Die Vielfalt von Wildpflanzen und Hybriden in ihren mannigfaltigen Erscheinungsformen macht es möglich, für jeden Verwendungszweck die richtige Sorte zu finden, wenn die standörtlichen Voraussetzungen stimmen.
Darüber hinaus lassen sich *Clematis* sehr gut auch mit kleinen Bäumen oder robusten Sträuchern vergesellschaften. Man pflanzt sie dann so, daß sie sommer- und immergrüne Bäume und Sträucher durchschlingen und überwachsen können. Man kommt damit ihren natürlichen Ansprüchen weitgehend entgegen, denn alle verholzenden *Clematis* leben an ihren natürlichen Standorten an Waldrändern und auf Lichtungen in Gesellschaft von Gehölzen, die ihren Trieben als Stütze dienen. Dabei wird die Kletterhilfe mit den Blattstielen umschlungen, ohne durch späteres Dickenwachstum die Stützpflanze zu schädigen.
Clematis sind keine Selbstklimmer. Man muß ihnen Klettergerüste zur Verfügung stellen, an denen sie sich mit ihren Blattranken anklammern können. Dazu eignen sich alle dauerhaften Materialien wie imprägniertes Holz, verzinktes oder kunststoffummanteltes Metall oder Kunststoffe. Die Stützen sollen nicht mehr als 25 mm stark sein.

Standort. Das natürliche Verbreitungsgebiet der *Clematis* umfaßt die nördliche Halbkugel. Der gärtnerische Züchterfleiß hat

▽ ***Clematis*-Hybride 'Elsa Späth'**

▽ ***Clematis*-Hybride 'Etoile Violette'**

***Clematis*-Hybride 'Elsa Späth'. Die violetten Blüten dieser großblumigen Kulturform erscheinen früh und sitzen am diesjährigen Holz. Dies bedeutet, daß ein zeitiger Rückschnitt im ausgehenden Winter die Blühwilligkeit fördert.**

***Clematis*-Hybride 'Etoile Violette'. Hier erscheinen die Blüten erst etwas später im Jahr. Die intensiv dunkel violette Farbe strahlt eine gewisse Eleganz aus, wie man sie im eher zurückhaltend geplanten Garten schätzt.**

***Clematis*-Hybride 'Huldine'. Mit ihren zart rosafarbenen Blüten läßt sich diese Kulturform in vielen Bereichen des Gartens gut einfügen.**

***Clematis*-Hybride 'Nelly Moser'. Sie bevorzugt, wie auch viele andere *Clematis*-Formen, sonnige bis halbschattige Lagen. Besonders auffallend sind die zart lila-rosa Blüten, die mit einem roten Mittelband und roten Staubgefäßen versehen sind. Die Blüten erscheinen von Juni bis Oktober.**

eine Fülle prächtiger Sorten hervorgebracht, die sich durch Blühwilligkeit, Winterhärte und hohen Zierwert auszeichnen. Die meisten Arten sind im Wald oder Buschwald beheimatet. Sie entwickeln sich dort im Schatten anderer Gehölze, klettern an Busch und Baum zum Licht empor und enfalten erst dort ihre Blüten. Diese Eigenart ist auch noch für die meisten Sorten typisch. Sie gibt uns wertvolle Hinweise auf den Standort, das Verhalten der Pflanzen und darauf, wie die *Clematis* im Garten am besten eingesetzt wird. So bevorzugen *Clematis* als Waldpflanzen durchlässige, krümelige, nährstoffreiche und leicht alkalische, ausreichend frische Böden. Der Wurzelbereich muß kühl gehalten werden, der Rest der Pflanze kann in voller Sonne stehen. Kühle im Wurzelbereich schafft man durch Abdeckung des Bodens mit Steinen, durch eine Mulchdecke und durch eine Bepflanzung mit niedrigen Stauden und Gehölzen. In Trockenperioden muß ausreichend gewässert werden, das gilt vor allem für Pflanzen an Mauern und Gebäuden. Es gibt nur wenige Clematisarten und -sorten, die direkte Südlagen vertragen. Ost-, west- und nordexponierte Standorte werden in der Regel bevorzugt.

Desweiteren findet man an den natürlichen Clematisstandorten meist nur geringe Luftbewegungen vor. Dies bedeutet, daß die Waldrebe empfindlich auf Zugluft reagiert. Man wird sie deshalb beispielsweise nicht im Durchgangsbereich zweier Baukörper pflanzen, wo von vornherein mit einer erhöhten Windhäufigkeit gerechnet werden muß.

Pflanzung. Alle *Clematis* werden so gepflanzt, daß der obere Topfrand 10–15 cm unter der Erdoberfläche steht. Von Mauern hält man etwa einen Abstand von 50 cm. Pflanzt man in der Nähe von Bäumen und Sträuchern, wählt man die Nordseite der Gehölze. Nach dem Pflanzen, am besten im zeitigen Herbst oder im Frühjahr, schneidet man die Triebe bis kurz über dem Erdboden zurück. Die jungen Austriebe müssen am Spalier so verteilt werden, daß die gesamte Fläche ausgenutzt wird.
Zur Vorpflanzung des Wurzelbereichs eignen sich beispielsweise der Ranunkelstrauch *(Kerria japonica)*, die Kolkwitzie *(Kolkwitzia japonica)*, oder einer der vielen Spierstraucharten *(Spiraea spec.)*. Reizvolle Kombinationen lassen sich auch mit Parkrosen oder dem Gartenschleierkraut erreichen.

▽ ***Clematis*-Hybride 'Huldine'**

Schnitt. Eine der wichtigsten Pflegemaßnahmen an *Clematis* ist der Schnitt, vor allem bei großblumigen Hybriden. Wildarten kann man ungeschnitten wachsen lassen. Ist ein Schnitt notwendig, weil die *Clematis* über den zugedachten Raum hinauswachsen oder in Bäumen und Sträuchern zu üppig geworden sind, schneidet man alle frühblühenden Arten unmittelbar nach der Blüte zurück, die spätblühenden im zeitigen Frühjahr.
Auch bei den großblumigen Hybriden unterscheiden wir zwischen Sorten, die ihre Blüten an Kurztrieben der vorjährigen Zweige anlegen und den übrigen Sorten, deren Blüten an den diesjährigen Zweigen entstehen. Würde man Sorten, die ihre Hauptblüte im Mai, Juni und Anfang Juli haben, im Frühjahr zurückschneiden, müßte man im gleichen Jahr auf Blüten verzichten. Wenn notwendig, schneidet man unmittelbar nach der Blüte zurück. Spätblühende Sorten, mit einer Hauptblütezeit von Juli bis September, werden im Frühjahr zurückgeschnitten. An den Neutrieben können sich zahlreiche Blüten entwickeln.

Krankheiten und Schädlinge. Als verheerende Krankheit tritt an *Clematis* gelegentlich eine Welkekrankheit auf. Sie wird von Pilzen verursacht, die in die Leitungsbahnen eindringen. Befallene Exemplare verwelken über Nacht, oft mitten im besten Wachstum; die Pflanzen können innerhalb weniger Tage tot sein. Sind nur einzelne Zweige befallen, schneidet man diese bis zur Befallsstelle zurück. Die Krankheit tritt an Wildarten viel seltener auf als an großblumigen Hybriden. Man kann das Befallsrisiko in Grenzen halten, sorgt man für optimale Bedingungen.
Alle anderen Krankheiten wie Thrips, Ohrwürmer, Schnecken, Mehltau oder die Blattfleckenkrankheit treten selten in stärkerem Maße auf.

▷ ***Clematis*-Hybride 'Nelly Moser'**

***Dioscorea alata*, die Yamswurzel, wird in vielen Teilen der Erde als Nutzpflanze gezogen. Bei uns eignet sie sich lediglich für das Gewächshaus, wo sie allerdings auch beachtliche Ausmaße annehmen kann. Die Abbildung zeigt die länglich-herzförmigen Blätter sowie die Brutknöllchen.**

DIOSCOREA ALATA

Yamswurzel, Flügel-Yams, Wasseryam

Standort: lockerer, humusreicher Boden bei hoher Luftfeuchtigkeit
Wuchshöhe: bis 18 m
Vermehrung: durch Stengelstecklinge oder kleine Saatknollen

Die Yamswurzel aus der Familie der Yamswurzelgewächse *(Dioscoreaceae)* ist im tropischen Asien heimisch, wird aber auch in Süd- und Ostafrika in vielen Arten angebaut. Man ißt die Knollen wegen ihres hohen Stärkegehalts als Gemüse, ihr Nährwert ist allerdings geringer als der von Kartoffeln. Auch Yamsmehl und -stärke werden hergestellt.

▽ ***Dioscorea alata***

Dioscorea alata ist ein bis 18 m hoher Kletterstrauch mit rechteckigen, rechtswindenden Stengeln. Die herzförmigen Blätter sind gegenständig. Die getrenntgeschlechtigen Blüten stehen in lockeren Trauben. Die Knollen sind rund-oval oder länglich und schwarz, sie erreichen eine Länge bis zu 1 m und ein Gewicht von 15–50 kg. Die Yamswurzel ist eine für viele Regionen der Erde wichtige Nutzpflanze.

Pflegetips. Die zur Vermehrung erforderlichen Saatknollen werden von den großen Knollen abgenommen. Die Pflanzen brauchen Rankhilfen, damit sie durch optimale Lichtausnutzung einen möglichst hohen Stärkegehalt in den Knollen bilden können. Geerntet werden diese ca. 9–11 Monate nach dem Pflanzen, wenn die Blätter vergilben. Kultur nur bei Temperaturen von mindestens 20 °C möglich.

EUONYMUS

Pfaffenhütchen, Spindelstrauch

Standort: sonnig bis schattig; auf jedem Boden
Wuchshöhe: 0,5–4 m
Blütezeit: Mai – Juni
Vermehrung: durch Aussaat und Stecklinge

Rund 175 *Euonymus*-Arten aus der Familie der Spindelbaumgewächse *(Celastraceae)* sind in Asien, Europa, Nord- und Mittelamerika und auf Madagaskar beheimatet, eine Art kommt in Australien vor.

Allgemeine Merkmale. Neben den überwiegend aufrecht wachsenden Straucharten umfaßt die Gattung auch kriechende und mit Haftwurzeln kletternde Arten. Bis auf *Euonymus nana* haben alle Arten gegenständige, ungeteilte Blätter. Die Zweige sind vierkantig und teilweise mit breiten Korkleisten versehen. Die kleinen, unscheinbar grünlichen, vier- bis fünfzähligen Blüten erscheinen in achselständigen Trugdolden. Die Früchte sind vier- bis fünffächrige, meist auffallend gefärbte, gerippte oder geflügelte Kapseln, die sich fachspaltig öffnen und die weißen oder schwarzen, von einem orangefarbenen Arillus (Samenmantel) umgebenen Samen freigeben.
Die meisten Arten sind stark giftig. Samen, Blätter und Rinde enthalten verschiedene Alkaloide und Herzglykoside, die Erbrechen, Koliken, Durchfall, Kreislaufstörungen und einen Kollaps verursachen können. Die bei uns kultivierten *Euonymus*-Arten werden nicht ihrer Blüten wegen gepflanzt, sie sind vielmehr hervorragende Fruchtsträucher, die z. T. auch eine schöne Herbstfärbung aufweisen. Die sommergrünen Arten bevorzugen als Solitär- oder Gruppensträucher sonnige Plätze, die immergrüne *E. fortunei* und ihre zahlreichen Sorten sind wertvolle Bodendecker, die

auch in schattigen Lagen gut gedeihen. Alle sommergrünen Arten bauen sich mit wenigen Ästen meist so locker auf, daß ein Auslichtungsschnitt überflüssig ist.

Euonymus fortunei, Kletter-Spindelstrauch. Immergrüner, niederliegend-aufstrebender, oft mit Haftwurzeln an Bäumen oder Mauern bis 5 m hochkletternder Strauch. Blätter elliptisch bis eiförmig-elliptisch, 2–6 cm lang, tiefgrün. Grünlichweiße Blüten in vielblütigen, dichten Trauben. Früchte rundlich, etwa 8 mm breit, weißlichgrün bis rötlich, Samen weiß, Arillus orangefarben. Heimisch in China und Japan. Sehr veränderliche Art, die in zahlreichen Kulturformen im Garten verwendet wird.

Euonymus phellomanus, Kork-Spindelstrauch. Bis etwa 3 m hoher Strauch. Zweige oft in abwärtsgerichteten Bögen wachsend, grün, vierkantig und mit sehr breiten Korkleisten versehen. Länglich-eiförmige, 6–10 cm lange, runzelige, stumpfgrüne Blätter. Gelbliche Blüten, zu 7–14 in Trugdolden. Früchte vierkantig, rosa, Samen schwarzbraun, Arillus rot. Sehr schöner Zierstrauch. Fruchtet viel reicher und regelmäßiger als *E. bungeana.* Heimatgebiet Zentralchina und Japan.

Euonymus planipes, Flachstieliger Spindelstrauch. 4–5 m hoher, langsamwachsender, locker aufgebauter Strauch. Winterknospen wie bei *E. latifolia* sehr groß. Blätter eiförmig bis eilanzettlich, 5–12 cm lang. Gelblichgrüne, langgestielte Blüten, in reichverzweigten, 10- bis 30blütigen Trugdolden im Mai-Juni. Früchte 5kantig, aber kaum geflügelt, 10–15 mm breit, karminrot, Samen weiß, Arillus orange. Verbreitet in der Mandschurei, auf Sachalin und in Japan. Ein außergewöhnlich schöner Zierstrauch mit reichem Fruchtbehang.

Gartenformen des Kletter-Spindelstrauchs

Sorte	Blätter	Wuchs
'Dart's Blanket'	im Herbst tief bronzefarben mit purpurroter Unterseite	niederliegend–aufsteigend, etwa 50 cm hoch, einer der besten Bodendecker
'Dart's Cardinal'	frischgrün	1 m hoch und breit, sehr reich fruchtend
'Emerald Gaiety'	graugrün mit schmalem weißen Rand	breit-aufrecht, etwa 1,25 m hoch
'Emerald'n Gold'	klein, hellgelb gerandet, im Winter etwas rötlich verfärbt	zuerst kriechend, später aufrecht und bis 1 m hoch
'Minimus'	klein und rundlich, etwa 15 mm breit	mattenförmig, nur etwa 15 cm hoch
'Silver Queen'	groß, breit, weißbunt gesäumt	stark und strauchig wachsend
'Sunshine'	ziemlich groß, graugrün, mit breitem goldgelben Rand	breitaufrecht, stärker wachsend als 'Emerald'n Gold'
'Sunspot'	klein, dunkelgrün, in der Mitte mit auffallend gelbem Fleck	niederliegend aufsteigend
'Variegatus' (= 'Gracilis')	im Austrieb mattgelb, später mit breitem weißem Rand, im Winter oft purpur getönt oder gefleckt	breit-aufrecht bis kriechend, bis etwa 40 cm hoch, gern aber auch kletternd
'Vegetus'	rundlich, derb ledrig und dick, dunkelgrün und glänzend	aufrecht und breitbuschig, aber auch gern kletternd, sehr reich fruchtend

▽ ***Euonymus fortunei* 'Emerald 'n' Gold'**

***Euonymus fortunei* 'Emerald 'n' Gold', eine Sorte des Kletter-Spindelstrauchs, ist ein immergrüner, dichtbuschiger Strauch mit leuchtendgrünen, gelbgeränderten Blättern, die sich im Winter rosa färben.**

***Humulus lupulus*, der Hopfen, ist wegen seiner Inhaltsstoffe ein unverzichtbarer Bestandteil für die Bierbrauer. Aber auch als Kletterpflanze im Garten erfreut er sich immer größerer Beliebtheit. Besonders attraktiv sind die weiblichen Blütendolden.**

***Hydrangea petiolaris*, die Kletterhortensie, sollte nicht in der vollen Sonne stehen. In den schattigen bis halbschattigen Bereichen ist sie den meisten Kletterpflanzen überlegen. Mit ihren hübschen weißen Doldenrispen verdient sie eine stärkere Beachtung in unseren Gärten.**

HUMULUS LUPULUS

Hopfen

Standort: sonnig; tiefgründiger, nährstoffreicher Boden mit ausgeglichener Wasserversorgung
Standraum: 1,6 × 1,4 m
Erntezeit: ab Ende August
Vermehrung: vegetativ

Hopfen aus der Familie der Maulbeergewächse *(Moraceae)* wächst wild in Europa und Asien. Im 8. Jahrhundert ist die Hopfenkultur in Westeuropa erstmals urkundlich erwähnt. Hopfen wird zum Bierbrauen, aber auch wegen seiner beruhigenden Wirkung bei der Herstellung von Arzneimitteln verwendet.

Kultur im Garten. Hopfen eignet sich gut zur Begrünung von Wänden. Er wächst mehrjährig. Vor dem Legen der Fechser ist gute Bodenbearbeitung notwendig. Ableger werden im Frühjahr oder Herbst beim Schneiden des Hopfenstockes gewonnen. Von den zahlreichen Trieben, die sich nach dem Schnitt erneut bilden, werden nur 2–6 Triebe belassen und an Drähten rechtswindend, d. h. im Uhrzeigersinn aufgeleitet. Die Blüte beginnt Ende Juni. In Hopfengärten werden nur weibliche Pflanzen angebaut. Weibliche Blüten bilden zapfenähnliche Blütenstände, die Dolden, aus. Die reifen Hopfendolden werden ab Ende August gepflückt und in Hopfendarren getrocknet. Es gibt Aroma- und Bitterstoffhopfensorten.

Krankheiten und Schädlinge. Gefährliche Pilzkrankheiten im Hopfenanbau sind der falsche Hopfenmehltau *(Peronospora)* und Welkekrankheiten.

▽ ***Humulus lupulus***

HYDRANGEA PETIOLARIS

Kletterhortensie

Standort: schattige bis halbschattige Lage; nahrhafte, tiefgründige, frische, humose Böden
Wuchshöhe: als Strauch, 1–3 m, als Kletterpflanze bis über 10 m
Blütezeit: Juli – September
Vermehrung: durch Aussaat oder Stecklinge

Die Gattung *Hydrangea* aus der Familie der Steinbrechgewächse *(Saxifragaceae)* besteht aus rund 80 Arten, die in gemäßigten Zonen Ost- und Südostasiens und vom östlichen Nordamerika bis zu den Anden Südamerikas verbreitet sind.

Allgemeine Merkmale. Die Blätter sind gegenständig, gestielt, meist rundlich bis länglich. Die Blüten entwickeln sich in vielblütigen, endständigen Rispen. Die fertilen Blüten sind im allgemeinen klein, die sterilen Randblüten dagegen vergleichsweise groß und weiß oder bunt gefärbt.

Hydrangea petiolaris klettert in ihrer japanischen Heimat bis weit in die Kronen hoher Bäume hinauf. Sie kann sich mit ihren Haftwurzeln auch an rauhen Fassaden anklammern. Die Blüten stehen in 15–20 cm breiten Schirmrispen mit etwa 3 cm breiten, weißen, sterilen Randblüten. Blütezeit ist Juni-Juli. *H. petiolaris* ist eine sehr robuste Kletterpflanze, die auch an schattigen Plätzen gedeiht.

Pflegetips. Alle kultivierten Hortensien sind sehr dekorative Sträucher, die im Garten einen windgeschützten Platz und humose Böden benötigen. Bei trokkenem Sommerwetter regelmäßig gießen. Die Kletterhortensie bleibt möglichst ungeschnitten.

▷ ***Hydrangea petiolaris***

***Jasminum nudiflorum*, der Winterjasmin, erfreut uns mit seinen leuchtendgelben Blüten mitten im Winter. Diese Besonderheit macht ihn zu einer kleinen Kostbarkeit, zumal er auch noch ausreichend winterhart ist. Die rutenförmigen, grünen, weit überhängenden Zweige können bei Bedarf zurückgeschnitten werden. Die beste Zeit hierfür ist nach der Blüte, da die Blüten am vorjährigen Holz erscheinen.**

JASMINUM
Jasmin

Standort: einige Arten im Freien, andere nur unter Glas zu kultivieren
Wuchshöhe: zwischen 2 und 5 m, abhängig von der Art
Blütezeit: zwischen Dezember und Juli, je nach Art
Vermehrung: durch Aussaat und Stecklinge

Mit rund 200 Arten besiedelt die Gattung tropische und subtropische Regionen in Asien, Australien, Afrika und Südamerika. Sie gehört zur Familie der Ölbaumgewächse *(Oleaceae)*und stellt eine Fülle von Straucharten. Gemeinsam sind allen die kantigen oder drehrunden, gelegentlich auffallend grünrindigen Zweige und gegenständige oder wechselständige, unpaarig gefiederte oder bis auf ein Blättchen reduzierte Blätter. Die Blüten entstehen in end- oder achselständigen Trugdolden, die Einzelblüten sind stieltellerförmig mit ausgebreiteter Krone und langer, enger Röhre. Einige Arten haben Blüten mit auffallendem Duft. Die Frucht ist eine zweiklappige, meist schwarze Beere.

Jasminum beesianum. Schmal aufrechter, wenig windender, sommergrüner, südchinesischer Strauch mit sehr dünnen, vierkantigen Trieben und einfachen, ei-lanzettlichen, 3–5 cm langen Blättern. Die Blüten erscheinen im Mai–Juni, sie stehen zu 1–3, sind rosa bis karminrosa gefärbt und duften. Auffallend sind auch die glänzenden, schwarzen Beeren, die den Blüten folgen. Ein Spalierstrauch, für warme, sonnige Hauswände, der in Mitteleuropa unbedingt Winterschutz benötigt.

Jasminum fruticans, Strauchjasmin. Bis 2 m hoher, buschiger, wintergrüner Strauch mit vierkantigen Zweigen und dreizähligen Blättern. Die Blüten, 1,5 cm groß, gelb, erscheinen im Mai-Juni bis zu 5 an kurzen Seitentrieben. Die in Südeuropa, Nordafrika und dem Orient heimische Art ist ebenfalls nur für sonnige, geschützte Lagen in milden Klimazonen geeignet.

Jasminum grandiflorum. Raschwüchsiger, 3–10 m hoher Schlingstrauch mit dünnen, überhängenden Zweigen. Die weißen, wohlriechenden Blüten bilden endständige Trugdolden. Die ursprüngliche Heimat von *J. grandiflorum* ist nicht genau bekannt, sie wird in Arabien vermutet. In Südfrankreich, in der Umgebung von Grasse, wird die Art zur Gewinnung von Jasminöl angebaut.

Jasminum mesnyi, Primeljasmin. Immergrüner, bis 2 m hoher, dichtbelaubter Strauch mit vierkantigen, weit überhängenden Trieben. Die Blätter sind gegenständig, die Blättchen stehen zu dritt. Einzelne achselständige, 3,5–5 cm breite, halbgefüllte, leuchtendgelbe Blüten. Blütezeit März-April. Die in China häufig gepflanzte Art erinnert in ihrem Erscheinungsbild an *J. nudiflorum,* ist aber wesentlich attraktiver und in Mitteleuropa leider nicht winterhart.

Jasminum nudiflorum, Winterjasmin. Sommergrüner Strauch mit schlanken, rutenförmigen, vierkantigen, grünen, weit überhängenden Zweigen und gegenständigen, dreizähligen Blättern. Von Dezember bis April bringt der Strauch entlang der vorjährigen Triebe eine Fülle gelber, an der Röhre rötlich angelaufener Blüten hervor. *J. nudiflorum* stammt aus Nordchina und ist in unseren Gärten seit mehr als 150 Jahren einer der schönsten Winterblüher. Er wird meist an Hauswänden und Pergolen an Spalieren gezogen und kann dann Höhen und Breiten von 3 m erreichen. Gute Plätze findet er aber auch an Mauern oder Treppenwangen, über die er seine langen Zweige hängen lassen kann. Er ist in Mitteleuropa an den meisten Standorten ausreichend hart und liebt kräftigen, nicht zu trockenen Boden. Das regelmäßige Auslichten der dichtstehenden Triebe ist eine wichtige Pflegemaßnahme.

Jasminum polyanthum. Immergrüner, gelegentlich nur wintergrüner Kletterstrauch mit gegenständigen, 7–12 cm langen, gefiederten Blättern. Die Blüten erscheinen im Sommer –, innen weiß, außen gerötet, sehr zahlreich und stark duftend –, zu 30-40 in Rispen. Die in China heimische Art gehört zu den schönsten der Gattung, hält jedoch nur in besonders milden Klimazonen aus.

Jasminum sambac, Arabischer Jasmin. Immergrüner, schwach kletternder Strauch mit kantigen Trieben und gegenständigen oder zu dritt in Quirlen stehenden Blättern. Die Blüten stehen in Büscheln zu 3-12, sind weiß, im Verblühen rosa, duften stark und blühen ununterbrochen. Die in Indien heimische Art wird in tropischen Gärten Ostasiens sehr häufig gepflanzt. In hinduistischen Ländern sind die Blüten ein unerläßlicher Bestandteil von Opfergaben. Sie dienen außerdem zur Aromatisierung von chinesischem Jasmintee und zur Gewinnung von Jasminöl. Die Art läßt sich in Mitteleuropa nur unter Glas kultivieren.

Jasminum x stephanense ist eine Hybride zwischen *J. beesianum* x *J. officinale*, dem Echten Jasmin, der ursprünglich aus Persien und China stammt, in Südeuropa aber oft verwildert ist. Sommergrüner, 3–5 m hoher, stark windender Strauch mit dünnen, etwas kantigen Trieben und einfachen oder 3- bis 5zähligen, stumpfgrünen Blättern. Die hellrosa, ziemlich kleinen und wenig ansehnlichen Blüten erscheinen im Juni–Juli zu wenigen in Trugdolden. In Mitteleuropa ist die Art an geschützten Stellen ausreichend frosthart.

▷ ***Jasminum nudiflorum***

***Lathyrus latifolius*, die Staudenwicke, ist eine krautige, anspruchslose Kletterpflanze mit kleinen Blütentrauben und rosalila Blüten, die in der Zeit von Sommer bis Frühherbst erscheinen.**

***Lathyrus grandiflorus*, eine nah verwandte Art, hat kahle Triebe und etwas größere Blüten als *L. latifolius*. Blütezeit ist der Sommer.**

***Lonicera tellmanniana*, das Goldgeißblatt, bringt von Mai bis Juni wunderschöne, orangegelbe Blüten hervor. Sie sitzen am einjährigen Holz. Die Pflanzen erreichen eine Wuchshöhe von 4–6 m und verlangen einen etwas geschützten Standort.**

***Lonicera periclymenum*, das Waldgeißblatt, ist anspruchslos und hat nach der Blüte korallenrote Beeren.**

LATHYRUS

Staudenwicke

Standort: je nach Art schattige, halbschattige bis absonnige Lagen; nährstoffreiche durchlässige Böden mittlerer Feuchte.
Wuchshöhe: von 30 cm bis 2 m, je nach Art
Blütezeit: von März bis September, je nach Art
Vermehrung: durch Teilung oder Aussaat

Die Gattung *Lathyrus* gehört zur Familie der Schmetterlingsblütler *(Leguminosae)*. Die Arten stammen aus Europa und Asien.

Lathyrus latifolius ist eine ausdauernde Kletterpflanze. Sie erreicht eine Höhe bis 2 m, in günstigen Lagen sogar bis 3 m. Die rosafarbenen Blüten sitzen in Trauben und erscheinen von Juli bis September. In ihrem Aussehen ähneln sie der Wohlriechenden Wicke, nur daß ihnen der Duft fehlt. Die Blätter sind eiförmig bis lanzettlich. Die Staudenwicke eignet sich besonders zum Beranken von Drahtzäunen. Dabei bevorzugt sie den lichten Gehölzschatten. Zur Benachbarung haben sich Fuchsbohne *(Thermopsis fabacea)*, die Knäuelglockenblume oder Königskerze bewährt.
Der Fachhandel bietet für die Staudenwicke ein umfangreiches Sortiment an. Hierzu gehören beispielsweise die malvenrosa blühende Sorte 'Rose Queen', die kräftig rot blühende Sorte 'Splendens' und die weiß blühende Sorte 'White Pearl'.

Lathyrus grandiflorus sei als weitere kletternde Art erwähnt, die besonders große, rosapurpurne Blüten hervorbringt, aber leider nicht so robust wie die Staudenwicke ist und nur selten im Handel erhältlich ist. Eine weitere Verwandte der Staudenwicke ist die Duftwicke, *Lathyrus odoratus*, die bei den einjährigen Kletterpflanzen näher vorgestellt wird.

△ ***Lathyrus latifolius***

△ ***Lathyrus grandiflorus***

▽ ***Lonicera tellmanniana***

LONICERA

Heckenkirsche, Geißblatt

Standort: als Blüten- und Fruchtsträucher, Kletterpflanzen und Bodendecker an sonnigen bis schattigen Plätzen
Wuchshöhe: von 50 cm bis 5 m, je nach Art
Blütezeit: je nach Art von Februar bis Juni
Vermehrung: durch Aussaat oder Stecklinge

Etwa 180 Arten der Gattung, die zur Familie der Geißblattgewächse *(Caprifoliaceae)* gehören, kommen vorwiegend in der nemoralen Zone von Europa, Asien und Nordamerika vor. Davon sind etwa 70 Arten für unsere Klimabereiche ausreichend hart, als Gartensträucher werden aber weit weniger Arten gehalten. Nur einige der aufrechtwachsenden Sträucher sind auffallende Blütensträucher, sie beeindrucken eher durch ihren Fruchtschmuck; ihre Anspruchslosigkeit macht sie zu robusten Deck- und Heckensträuchern. Die windenden Arten warten dagegen in der Regel mit einem recht bemerkenswerten Blüten- und Fruchtschmuck auf. Andere Arten sind wertvolle Kleinsträucher, die nicht selten großflächig als Bodendecker gepflanzt werden.

Allgemeine Merkmale. Typisch für alle Arten sind die oft hohlen Zweige, manche aber auch mit vollem Mark. Alle haben Winterknospen mit 1–2 Paar Knospenschuppen, oft mit aufsteigenden Beiknospen.
Die Blätter der Heckenkirsche sind gegenseitig, einfach und ganzrandig, selten gelappt. Die im Frühjahr erscheinenden Blüten der Heckenkirsche sind zwittrig, oft zweiseitig-symmetrisch mit doppelter, fünfzähliger Blütenhülle. Bei strauchigen Arten erscheinen die Blüten paarig an Teilblütenständen in den Blattachseln.

▷ ***Lonicera periclymenum***

***Lonicera* 'Dropmore Scarlet' kommt mit ihren roten Blüten vor der weißen Wand sehr gut zur Geltung. Wohltuend ist dabei auch das weiße Klettergerüst, das völlig im Hintergrund bleibt. Einen gelegentlichen Rückschnitt verträgt die Pflanze gut.**

Bei windenden Arten erscheinen die Blüten mit doppelter, verwachsenblättriger Hülle am Ende junger Kurztriebe kopfig, ährig oder rispenartig angeordnet. Die Blütenkrone ist radiär oder zygomorph mit langer, am Grunde oft bauchig oder höcker- bzw. sackartig erweiterter Röhre und fünf Zipfeln, die bei den zygomorphen Blüten zweilippig (mit vierlappiger Ober- und einlappiger Unterlippe) ausgebildet ist. Die Staubblätter sind in der Kronröhre eingeschlossen, die Früchte saftige Beeren oder durch Verwachsung Doppelbeeren, die meist giftig sind.

Lonicera alpigena, Alpenheckenkirsche. Sommergrüner, straff aufrechtwachsender, 1,5–2 m hoher Strauch mit vierkantigen Zweigen. Blätter bis 12 cm lang, elliptisch bis verkehrt-eiförmig, mehr oder weniger lang zugespitzt, dunkelgrün und etwas glänzend. Die Blüten erscheinen im Mai, in langgestielten Paaren, die Blütenkrone ist 1,2–1,8 m lang, gelbgrün, außen trübrot. Früchte entwickeln sich als glänzendrote, 12–13 mm dicke Doppelbeeren. Heimisch ist die Art in Mittel- und Südeuropa, in den Gebirgen von Bosnien bis zu den Pyrenäen. Sie bevorzugt kühle und halbschattige bis schattige Lagen und kann für Unter- und Mischpflanzungen verwendet werden.

Lonicera x americana (*L. caprifolium* x *L. etrusca)* ist ein sommergrüner, mittelhoher, windender Strauch, der an *L. caprifolium* erinnert. Blätter verkehrteiförmig bis breit-elliptisch, bis 5 cm lang, oberseits dunkelgrün, unten bläulich, die obersten 3–4 Blattpaare sind schalenförmig verwachsen. Die Blüten erscheinen im Juni–Juli in dichten Quirlen, die zu breiten Rispen vereint sind. Die Kronröhre ist bis 5 cm lang, schmal, gelb, außen etwas gerötet und wohlriechend. Sehr wirkungsvoll ist der Kontrast zwischen dunklen Blättern und hellen Blüten.

Lonicera x brownii (*L. hirsuta* x *L. sempervirens)* ist ein sommergrüner, bis 3 m hoch schlingender Strauch, Blätter ziemlich groß, elliptisch bis eiförmig, oberseits mittelgrün und kahl, unten bläulich grün und behaart, nur die oberen Blätterpaare als kreisrunde Scheibe verwachsen. Die Blüten erscheinen von Mai bis August und stehen in mehreren Quirlen übereinander, sie blühen nach und nach auf. Die lange Blütenröhre ist orangescharlach gefärbt. Zu *L.* x *brownii* gehören die folgenden Sorten: 'Dropmore Scarlet', bis 3 m hoch windend, Blätter glänzend grün, unterseits bläulich, Blüten orange-scharlachrot, von Juni bis zum Herbst; 'Fuchsioides', nicht so üppig wachsend wie 'Dropmore Scarlet', Blüten scharlachrot mit langer, schmaler Röhre.

Lonicera caprifolium, Jelängerjelieber. Sommergrüner, bis 5 m hoch windender Strauch mit elliptischen bis breit-elliptischen Blättern, die 4–10 cm lang, stumpf, oberseits dunkelgrün, unten bläulich sind; an blühenden Trieben sind die oberen 2–3 Blattpaare miteinander verwachsen. Blüten erscheinen im Mai–Juni meist quirlig zu sechst auf dem oberen Blattpaar aufsitzend. Die Kronröhre ist 4–5 cm lang, weiß bis gelblichweiß, außen oft etwas rötlich, die Früchte sind korallenrot. Die in Laubwäldern von Mitteleuropa bis nach Kleinasien und zum Kaukasus verbreitete Art ist eine wichtige Kletterpflanze zur Berankung von Mauern, Pergolen und Zäunen. Ihre Ansprüche an Boden und Lage sind sehr gering. Wie alle anderen schlingenden *Lonicera*-Arten benötigt sie ein Klettergerüst.

Lonicera x heckrottii (*L.* x *americana* x *L. sempervirens)* ist ein sommergrüner, schwachwindender Strauch. Blätter elliptisch, bis 6 cm lang, zugespitzt, oberseits mittelgrün, unten bläulich. Die Blüten stehen von Juli bis September dichtkopfig in mehreren Quirlen übereinander und sind in der Knospe purpurn, später außen purpurn oder nur gerötet, innen erst gelblich, später goldgelb, wohlriechend, die Kronröhre wird bis 5 cm lang. Eine sehr reichblühende, häufig gepflanzte Varietät.

Lonicera henryi, Henrys Geißblatt. Immergrüner, starkwachsender, bis 6 m hoch schlingender Strauch mit mehr oder weniger dicht angedrückten und abstehenden behaarten Zweigen. Die Blätter sind lanzettlich, 4–10 cm lang, am Grund meist herzförmig, glänzend-dunkelgrün. Blüten erscheinen im Juni–Juli in Paaren in den Achseln der oberen Blattpaare und am Ende der Triebe und sind 1,5–2 cm lang, gelbrot bis purpurrot; die Früchte sind schwarz. Immergrüne Schlingpflanze für geschützte, warme Standorte, auch im Halbschatten; besonders zur Bekleidung von Mauern, Zäunen und Pergolen.

Lonicera involucrata, Behüllte Heckenkirsche. Sommergrüner, etwa 1 m hoher Strauch, der in Nordamerika weit verbreitet ist. Blätter 1–1,5 cm lang, länglich-elliptisch bis länglich-lanzettlich. Die Blüten erscheinen im Mai–Juni, achselständig und paarweise stehend, ihre Krone ist 1–1,5 cm lang, meist gelb, außen dicht drüsig behaart. Die Blüten sind teilweise von zwei großen, paarweise verwachsenen Vorblättern umhüllt. Die Früchte sind kugelige, dicht zusammengewachsene, glänzend-schwarzrote Beeren auf den stark vergrößerten und nun purpurn gefärbten, zurückgeschlagenen Vorblättern.

Lonicera japonica, Japanisches Geißblatt. Halbimmergrüner, bis 6 m hoch windender oder niederliegender Strauch mit eiförmigen, 3–8 cm langen Blättern. Die Blüten sind 3–5 cm lang, innen weiß, außen purpurn überlaufen, gelb verblühend, duftend und erscheinen im Juli-August paarweise in den Blattachseln. Sie haben sehr große, blattartige Tragblätter, die Beeren sind schwarz.

▷ ***Lonicera* 'Dropmore Scarlet'**

***Polygonum baldschuanicum*, neuerdings *Fallopia baldschuanica*, der Bucharische Knöterich, hat herzförmiges Laub und rosa oder weiße Blüten in nickenden Rispen, die vom Sommer bis in den Herbst erscheinen.**

***Polygonum aubertii*, neuerdings *Fallopia aubertii*, der Schlingknöterich, gehört ebenso wie die oben beschriebene Art zu den schnellwüchsigen Klettergehölzen: in einem Jahr wächst er oft mehrere Meter! Er sollte deshalb nur dort gepflanzt werden, wo ihm ausreichend Platz für seine volle Entwicklung zur Verfügung steht. Die vielen kleinen weißen Blüten, die in Rispen angeordnet sind, erscheinen vom Hochsommer bis in den Spätherbst hinein.**

POLYGONUM

Knöterich

Standort: sonnig bis halbschattig; nasse, sumpfige ebenso wie steinige, harte Böden
Wuchshöhe: von 5 cm bis 4 m
Blütezeit: März – Oktober
Vermehrung: durch Aussaat oder Teilung

Der Knöterich mit seinen zahlreichen Arten ist in den meisten Ländern der nördlichen Erdhalbkugel vertreten. Die zur Familie der Knöterichgewächse *(Polygonaceae)* gehörende Gattung hat eine große Formenvielfalt. Ihnen allen gemeinsam sind die wechselständigen Blätter, die mit einer den Stengel umgebenden Scheide versehen sind.

Allgemeine Merkmale. Die beiden am weitesten verbreiteten Arten in Deutschland werden nicht mehr zur Gattung *Polygonum* gerechnet: *Fallopia aubertii* (früher *P. aubertii)* und *Fallopia baldschuanicum* (früher *P. baldschuanicum).* Beide Arten sind raschwachsende Schlinger, die mühelos einen Jahrestrieb von 5–7 m Länge und insgesamt an günstigem Standort eine Höhe von 20 m und mehr erreichen. Diesen Schlingern muß man allerdings eine Kletterhilfe geben. Sie vertragen Sonne bis Halbschatten. Sie gelten als industriefest, da ihnen die schlechte Qualität der Luft nicht viel auszumachen scheint. Bei der Auswahl des Standortes muß darauf geachtet werden, daß die Umgebung nicht allzu viele Klettermöglichkeiten bietet, da die Pflanzen sich um alles winden, was ihnen Halt geben kann.

▽ ***Polygonum baldschuanicum***

Polygonum aubertii, Schling- oder Chinesischer Knöterich. Ursprünglich von China bis nach Tibet verbreitet, wächst auch bei uns als winterharter, sehr robuster Schlinger. Seine jungen Triebe sind elastisch, weich, rötlich gefärbt; ältere verholzende Triebe werden graugrün und äußerst zäh. Der Grundstamm kann in wenigen Jahren Armdicke erreichen. Die kleinen Blätter sind eiförmig-lanzettlich bis herzförmig, frischgrün, teilweise rötlich überlaufen. Kleine weiße Blüten von Juli bis September in zahlreichen endständigen, lockeren Rispen.

Polygonum baldschuanicum, der Bucharische Knöterich aus Ostturkestan ist noch wüchsiger als *F. aubertii* und mit ihren kleinen weißlichen, später rosa Blüten, die im Herbst fast rot sind, die schönere Art. Ihre Blätter sind herz- bis pfeilförmig und kräftig grün.

Polygonum orientale, der Orientknöterich, ist in Indien, Japan und China beheimatet. Als einjähriges Gewächs erreicht er in einer Vegetationsperiode eine Höhe von bis zu 3 m; wächst buschig mit seidig behaarten Trieben; die großen Blätter sind länglich oval bis herzförmig; die ab Juli erscheinenden Blüten wachsen in lockerem Blütenstand an herunterhängenden Ähren. Die reine Art blüht rosa; die Sorte 'Rubin' wird nicht ganz so hoch und blüht in langen, leuchtendroten Blütenähren.

▷ ***Polygonum aubertii***

***Pyracantha* 'Golden Dome', eine Feuerdorn-Sorte, ist ein kugeliger, sehr dichter Strauch. Die weißen Blütendolden kommen im Frühsommer, die weit auffälligeren vollgelben Beeren im Frühherbst.**

***Pyracantha* 'Golden Charmer' ist eine dornige Sorte mit leuchtendorangen Beeren.**

***Rubus henryi*, die Zierbrombeere, macht sich mit ihren immergrünen Blättern sehr dekorativ an Hauswänden. Zudem sind die nach der Blüte im Juni und Juli erscheinenden Beeren eßbar.**

PYRACANTHA

Feuerdorn

Standort: sonnig, warm; auf jedem Gartenboden
Wuchshöhe: 2–3 m
Blütezeit: Mai – Juni
Vermehrung: überwiegend durch Stecklinge

Wechselständige, einfache Blätter und kleine, 7–10 mm breite, fünfzählige Blüten in reichblütigen, 2–4 cm breiten Doldentrauben kennzeichnen die Gattung. Einen weit höheren Schmuckwert als die Blüten haben die 5–8 mm dicken, meist auffallend rot gefärbten Früchte, die kleine Apfelfrüchte mit bleibendem Kelch sind.

Allgemeine Merkmale. Der immergrüne Feuerdorn ist in der Gartengestaltung ein wichtiger und vielseitig einsetzbarer Strauch. Er wird auch zur Fassadenbegrünung gepflanzt. Zur Beliebtheit des Feuerdorns trägt im wesentlichen sein auffallender Fruchtschmuck bei. Zahlreiche, rot, orange oder gelb gefärbte Früchte bringen im Herbst Farbe in den Garten. Nicht selten bleiben die Früchte bis weit in den Winter hängen. Bei den Vögeln sind die Früchte beliebtes Winterfutter.
Feuerdorn gedeiht in jedem Gartenboden, er verträgt Trockenheit und gedeiht auch auf schmalen Rabatten in unmittelbarer Hausnähe. Am besten gedeiht er an vollsonnigen Standorten, kann aber auch im lichten Schatten hoher Bäume angesiedelt werden. In zu schattigen Lagen blüht und fruchtet er nur wenig. In strengen Wintern kann Feuerdorn Schaden erleiden, obere Pflanzenbereiche können absterben. Nach einem Rückschnitt treiben die Pflanzen in der Regel wieder durch.

Pyracantha coccinea, Mittelmeer-Feuerdorn. 2–3 m hoher, dichttriebiger Strauch. Blätter elliptisch bis verkehrt-lanzettlich, 2–4 cm lang. Im Mai/Juni überreich weißblühend. Früchte 5–7 mm dick, leuchtendrot bis gelb, lange haftend. Heimisch von Italien bis Kleinasien.

▽ ***Pyracantha* 'Golden Charmer'**

▽ ***Pyracantha* 'Golden Dome'**

RUBUS HENRYI

Zierbrombeere

Standort: nährstoffreiche, lehmige Sandböden in sonnigen bis schattigen Lagen
Höhe: bis 600 cm
Blütezeit: Juni
Vermehrung: durch Ausläufer und Wurzelschnittlinge

Die Zierbrombeere gehört zur Familie der Rosengewächse *(Rosaceae)* und ist auf der nördlichen Halbkugel verbreitet. Als kletternder Strauch erreicht sie eine Wuchshöhe bis 6 m. Die Triebe sind in der Jugend dünn und filzig weiß. Sie besitzen nur wenig Stacheln. Die immergrünen Blätter sind drei- bis fünflappig, wobei die einzelnen Lappen fein gesägt, oberseits tiefgrün und unterseits weißfilzig sind. Die hellroten Blüten erscheinen am vorjährigen Holz im Juni und sind in Trauben angeordnet. Daher sollte bei der Pflege nicht das einjährige Holz zurückgeschnitten werden. Später zeigen sich dann die schwarzglänzenden, eßbaren Brombeerfrüchte.

Pflegetips. Die Pflanzen bevorzugen nährstoffreiche, lehmige Sandböden und sind sehr genügsam. Sie vertragen sowohl sonnige als auch schattige Lagen. Man verwendet die Zierbrombeere gerne zum Beranken von Zäunen, Lauben und Pergolen, aber auch als Bodendecker.

Rubus deliciosus, ein sommergrüner, 1–3 m hoher Strauch, ist ein naher Verwandter der Zierbrombeere, Blätter nierenförmig, drei- bis fünflappig, 3–7 cm lang. Reinweiße, meist einzelne, 5 cm breite Blüten im Mai. Früchte dunkelpurpurn, ohne Geschmack. Heimisch in den Rocky Mountains. Eine der am schönsten blühenden Arten.

▷ ***Rubus henryi***

***Schisandra rubriflora* bestricht durch ihre karminroten Blüten, die im Frühsommer erscheinen. Später hat die Pflanze nickende rote Früchte.**

***Schizophragma hydrangeoides*, die Spalthortensie, ist eine nahe Verwandte der Kletterhortensie. Ihre Standortansprüche sind ähnlich. Bevorzugt werden ebenfalls schattige bis sonnige Lagen.**

***Schizophragma hydrangeoides* am Haus. Die Spalthortensie, stammt aus Asien. Darauf deuten ihre Blütenstände hin, die etwas Exotisches ausstrahlen. Die Pflanzen sind auch bei uns ausreichend winterhart.**

SCHISANDRA

Schisandra

Standort: als Kletterpflanze an Lauben und Pergolen; gepflegte, nährstoffreiche Gartenböden
Wuchshöhe: 5–7 m
Blütezeit: Mai – Juni
Vermehrung: durch Aussaat oder Stecklinge

Die Gattung bildet mit ihren 25 Arten (24 in Ost- und Südostasien, 1 in Nordamerika) eine eigene Familie *(Schisandraceae)*. Die bei uns kultivierten Arten sind sommergrün mit einfachen, wechselständigen Blättern und zweihäusigen Blüten, die einzeln oder zu wenigen in achselständigen Büscheln an der Basis der jungen Zweige stehen. Die Blütenhülle besteht aus 7–12 gleichgestalteten, gleichgefärbten Kelch- und Kronblättern; sie sind rot, gelb oder weiß. Die Frucht ist eine ährenförmig verlängerte Scheinfrucht.

Schisandra chinensis windet sich mit braunen, etwas kantigen Trieben 5–7 m hoch. Blätter breitelliptisch-eiförmig, 5–10 cm lang, oberseits glänzend dunkelgrün. Weiße bis blaßrosa, etwa 1,5 cm breite, duftende Blüten im Mai–Juni. An weiblichen Pflanzen im Herbst schöne, scharlachrote, bis 10 cm lange Fruchtähren. Die am häufigsten gepflanzte Art.

Schisandra rubriflora windet sich mit dünnen, rötlichen Trieben 4–5 m hoch. Blätter verkehrt-eiförmig bis verkehrt-lanzettlich, 6–12 cm lang. Bis 3 cm breite, dunkelkarminrote, an roten Stielen hängende Blüten im April–Mai. Früchte rot, kugelig, erbsengroß. Gilt mit ihren roten Blüten als schönste Art der Gattung, ist aber weniger hart als *S. chinensis*.
Beide Arten sind hübsche Lianen zur Bekleidung von Mauern, Pergolen und Lauben. Man muß ihnen Klettergerüste zur Verfügung stellen. Sie vertragen sonnige bis leicht beschattete Lagen und gedeihen am besten auf gepflegten, tiefgründigen, nährstoffreichen Böden.

▽ ***Schisandra rubriflora***

▽ ***Schizophragma hydrangeoides***

SCHIZOPHRAGMA

Spalthortensie

Standort: schattige bis sonnige Lagen; frische Böden
Wuchshöhe: bis 10 m hoch kletternd
Blütezeit: Juli
Vermehrung: durch Aussaat oder Stecklinge

Zu den Hortensiengewächsen *(Hydrangeaceae)* gehört die Gattung, die mit 8 Arten in Asien verbreitet ist. Sie sind nahe mit der Kletterhortensie verwandt und wie diese in der Lage, sich mit Hilfe von Haftwurzeln an Gegenständen festzuhalten. Ihre Blätter sind gegenständig und lang gestielt, gezähnt oder ganzrandig. Die kleinen, weißen Stachelbeeren stehen in flachen Doldentrauben zusammen. Die randständigen Blüten sind wie bei den Hortensien steril, sie bestehen aus einem stark vergrößerten, eiförmigen, 3–7 cm langen Kelchblatt. Die Frucht ist eine zehnrippige, kreiselförmige Kapsel.

Schizophragma hydrangeoides, ein bis 10 m hoch kletternder Strauch mit gelbbraunen, etwas behaarten Jungtrieben, ist die einzige im Garten kultivierte Art. Blätter 7–12 cm lang, rundlich-eiförmig, plötzlich zugespitzt, an der Basis breit und etwas herzförmig, in der Jugend steif behaart, oben hellgrün, unten weißlichgrün. Blüten im Juli, die Blütenstände 15–20 cm breit, Randblüten eiförmig, etwa 3 cm lang. Heimisch in Japan und Korea. Ist auch bei uns ausreichend hart und verträgt schattige bis vollsonnige Standorte, wenn der Boden gut frisch bleibt.
Obwohl die Spalthortensie Haftwurzeln ausbildet, ist es von Vorteil, ihr eine geeignete Kletterhilfe anzubieten.

▷ ***S. hydrangeoides* am Haus**

***Senecio rowleyanus*, das Kreuzkraut, ist eine herabhängende Sukkulente, die sich vor allem als Ampelpflanze gut macht. In unseren Breiten ist sie leider höchstens in Weinbaugebieten ausreichend winterhart.**

***Solandra maxima*, die Trompetenblume, hat große, duftende, zunächst blaßgelbe, später goldgelbe Blüten.**

***Solandra maxima*, die Trompetenblume, findet man in Südeuropa an Mauern und Pergolen. Bei uns eignet sich die Art vor allem für den Wintergarten.**

SENECIO

Kreuzkraut, Senecie

Standort: hell bis sonnig, weiße Arten vollsonnig
Wuchshöhe: bis 50 cm, je nach Art
Blütezeit: von Frühling bis Herbst
Vermehrung: durch Stecklinge oder Samen

Heimat der sukkulenten *Senecio*-Arten sind die Kanarischen Inseln, das nördliche und südliche Afrika, Madagaskar, Vorderindien und Mexiko. Die Gattung gehört zur Familie der Korbblütler *(Compositae)*. Von den rund 1300 Arten sind etwa 100 sukkulent. Wuchs und Gestalt sind sehr vielfältig, gemeinsam ist allen die Form des Blütenstandes. Eine große Zahl kleiner, meist röhrenförmiger Blütchen sitzt eng zusammengedrängt auf einem flachen Blütenboden. Manche Arten haben neben Röhrenblüten auch Zungen- oder Strahlenblüten im Körbchen.
Sukkulente Senecien wollen einen hellen, sonnigen bis vollsonnigen Standort und Temperaturen nicht unter 10°C. Weniger empfindliche Arten können im Sommer auch bei uns im Freien stehen.

***Senecio stepeliiformis*,** eine stammsukkulente Art, gleicht einer Stapelia. Die 5- bis 7kantigen zunächst unterirdischen Triebe verzweigen sich von der Basis her und wachsen aufrecht bis zu 30 cm hoch. Kleine, schuppenförmige Blättchen sitzen auf den Kanten; der rötlich-braune, fleischige Blattgrund ist mit dem Sproß verwachsen. Scharlachrote Röhrenblütchen. Die Pflanzen bilden zahlreiche Ausläufer, sie sollten daher in flachen, weiten Pflanzgefäßen gehalten werden.

Senecio berreanus eignet sich als blattsukkulente Art vorzüglich zur Ampelbepflanzung. An dünnen, hängenden oder kriechenden Sproßachsen sitzen fast kugelrunde Blätter, ähnlich den Stachelbeeren, die an der Oberseite ein schmales, chloroplastenfreies Fenster haben.

Senecio rowleyanus ist ähnlich, nur etwas zierlicher und wuchsfreudiger. Der Volksmund nennt die Art auch »Perlenschnur«. Blütenkrone weiß, Staubbeutel braunviolett. Die Blüten duften nach Zimt.

***Senecio mikanioides*,** der Sommerefeu, ähnelt dem heimischen Efeu *(Hedera helix)*. Die immergrünen, fünf- bis siebenlappigen Blätter sind leicht eingerollt und am Ende stark zugespitzt. Die Triebe sind sukkulent. Ähnlich ist die immergrüne Art, *Senecio macroglossus*. Beide Vertreter zeichnen sich durch Raschwüchsigkeit aus und werden am besten im Wintergarten oder Gewächshaus, im Sommer auch im Balkonkasten verwendet.

▽ ***Senecio rowleyanus***

▽ ***Solandra maxima***

SOLANDRA

Trompetenblume

Standort: nur im frostfreien S-Europa ausreichend winterhart
Wuchshöhe: bis 5 m kletternd
Blütezeit: März-April
Vermehrung: durch Aussaat

Zu den Nachtschattengewächsen *(Solanaceae)* gehören die 10 Arten, die von Mexiko bis zum tropischen Südamerika verbreitet sind. In Südeuropa sind einige *Solandra*-Arten mit ihren großen, duftenden Blüten gerngepflanzte, starkwachsende Lianen zur Bekleidung von Mauern, Zäunen und Pergolen.

***Solandra guttata*,** der Goldbecher, ein immergrüner, bis 2,5 m hoher, behaarter Kletterstrauch. Blätter elliptisch-länglich, bis 15 cm lang, auf der Unterseite weich behaart. Blüten aufrecht und endständig, bis 20 cm lang, breit kelchförmig mit abstehendem, gekräuseltem Saum, in der Grundfarbe gelb, im Schlund meist purpurn gestreift. Heimisch in Mexiko.

***Solandra maxima*,** im englischsprachigen Raum Bechergoldwein genannt, wird in sonnigen Glashäusern gern zur Begrünung großer Flächen verwendet. Die aus Mexiko stammende Immergrüne klettert bis über 10 m hoch und besitzt goldgelbe, duftende Blüten, die innen bräunlich-purpur gestreift sind.

Pflegetips. Solandra-Arten ganzjährig warm, im Winter nicht unter 10 °C stellen. Im Frühjahr reichlich gießen und düngen, im Sommer trocken halten, sonst blühen die Pflanzen nicht.

▷ ***Solandra maxima***

Solanum jasminoides **'Album' hat kleine, sternförmige, weiße Blüten, die von Sommer bis Herbst an der Pflanze erscheinen.**

Solanum crispum **'Glasnevin' ist eine Sorte, die im Gegensatz zum weißen Blütenschmuck der Art lilafarbene bis purpurrote Einzelblüten trägt.**

Solanum wendlandii **ist ein meist immergrüner, stacheliger Selbstklimmer mit unregelmäßigen, handförmigen Blättern. Lavendelfarbene Blüten schmücken die Pflanze im Spätsommer und Herbst. Da sie kaum winterhart ist, eignet sich diese Art eher für den Wintergarten.**

Thladianta dubia**, eine raschwüchsige, krautige oder sommergrüne, zarte Schlinpflanze, zeichnet sich vor allem durch ihre etwa 10 cm langen, unterseits behaarten Blätter aus. Die kleineren Blüten sind vollgelb.**

SOLANUM

Nachtschatten

Standort: sonnig bis halbschattig; humusreicher Boden
Wuchshöhe: von 20 cm bis mehrere Meter.
Blütezeit: Mai – Oktober, je nach Art
Vermehrung: durch Aussaat oder Stecklinge

Unter den rund 1700 *Solanum*-Arten, überwiegend in tropischen und subtropischen Regionen verbreitet, sind nur wenige als Ziergehölze in Kultur.
Zu dieser vielgestaltigen Gattung aus der Familie der Nachtschattengewächse *(Solanaceae)* gehören so bedeutende Nutzpflanzen wie z. B. Kartoffel, Tomate oder Aubergine, manche Kletterpflanzen und Bäume der Tropen und Subtropen, aber auch ein- oder mehrjährige Kräuter und Sträucher. Viele Arten sind sehr wärmeliebend und geradezu sonnenhungrig, andere wieder sind genügsamer und gedeihen auch im Schatten. Zahlreiche Arten zählen zu den heilsamen Pflanzen und enthalten u. a. meist giftige Alkaloide. Für den Garten eignen sich neben den erwähnten Nutzpflanzen auch bedingt die wärmebedürftigen Schlingpflanzen, die man dann im Freiland einjährig hält.
Solanum-Arten tragen wechselständige, einfache oder zusammengesetzte Blätter. Die Blüten stehen einzeln oder in Doldenrispen, sie haben eine radförmige bis fast glockige Krone und einen fünf- bis zehnteiligen, bleibenden Kelch. Die Früchte sind vielsamige, teilweise eßbare Beeren.

Solanum crispum, ein 3–4 m hoch kletternder Strauch, dessen alte Zweige verholzen, während die jungen oft nur krautig bleiben. Die Blätter, in milden Wintern immergrün, sind eiförmig bis lanzettlich, 7–12 cm lang, an der Basis rund bis herzförmig, am Rand oft wellig-kraus. Lilablaue, duftende Blüten von Juni bis September in endständigen, 7–10 cm breiten Doldenrispen. Die Früchte sind gelblichweiß und erbsengroß. Heimisch ist die Art in Chile; wird auch in England häufig an Mauerspalieren gezogen, besonders in der Auslese 'Glasnevin', die sich durch eine besonders lange Blütezeit auszeichnet.

▽ ***Solanum jasminoides*** **'Album'**

▽ ***Solanum crispum*** **'Glasnevin'**

▽ ***Solanum wendlandii***

THLADIANTHA DUBIA

Quetschblume

Standort: sonnig
Wuchshöhe: bis 4 m hoch kletternd
Blütezeit: Juni – Juli
Vermehrung: durch Samen oder abgetrennte Knollen

Bei der Pflanzung einer Quetschblume ist darauf zu achten, daß ein männliches und ein weibliches Exemplar zusammenstehen, weil auch die 5 cm langen und halb so breiten, länglichrunden, dunkelroten Früchte Schmuckwert besitzen. Dazu benötigt die aus Ostasien stammende zweihäusige Pflanze aus der Familie der Kürbisgewächse *(Cucurbitaceae)* einen Befruchtungspartner.

Kultur- und Pflegetips. Die Quetschblume läßt sich nicht nur zum Begrünen von Mauern, Pergolen und Klettergerüsten, sondern auch als Bodendecker verwenden. In dieser Funktion ist die Pflanze allerdings so dominierend, daß anderer Bewuchs kaum dagegen aufkommen kann. *Thladiantha dubia* ist frosthart; in harten Wintern gibt man eine Laubdecke als Schutz oder überwintert die Knollen in einem frostfreien Keller.

Sechium edule, die Chayote oder Stachelgurke, ist ein naher Verwandter der Quetschblume aus der Kürbisfamilie *(Cucurbitaceae)*, die ebenso selten gezogen wird wie Thladiantha und in diesem Zusammenhang kurz vorgestellt werden soll. Im Wintergarten frei ausgepflanzt, sollte man den Platzbedarf dieser bis zu 4 m hoch wachsenden Kletterpflanze berücksichtigen. Die gelben Blüten der Stachelgurke erscheinen ab Juni. Die Früchte sind eßbar und werden in den Mittelmeerländern wie Zucchini zubereitet.

▷ ***Thladianta dubia***

Vitis coignetiae **hat große, unterseits braunbehaarte Blätter, die sich im Herbst leuchtend rot färben. Die zur selben Zeit erscheinenden violettbereiften, schwarzen Beeren sind unscheinbarer.**

Vitis vinifera **'Purpurea', der Purpurblättrige Wein, zeichnet sich durch besonders dunkle, purpurrote Blätter aus. Kleine grünliche Blüten erscheinen im Sommer. Auch die violetten Beeren sind klein.**

Vitis vinifera**, die Echte Weinrebe, ist als Kletterpflanze an Hauswänden oder Pergolen vor allem in den traditionellen Weingegenden verbreitet. Die starkwüchsigen Pflanzen benötigen ausreichend Platz und eignen sich neben der Fassadenbegrünung auch gut als Schattenspender und Sichtschutz.**

VITIS

Rebe

Standort: an Spalieren, Lauben und zur Begrünung von Fassaden
Wuchshöhe: 8–12 m
Blütezeit: Juni–Juli
Vermehrung: durch Aussaat oder Stecklinge

Mit mehr als 60 Arten sind die Reben in Europa, Asien und Nordamerika verbreitet. Sie stellen nicht nur die Stammeltern unserer Weinreben, sondern sind auch dekorative Kletterpflanzen.

Allgemeine Merkmale. Die meisten Arten sind sommergrüne, mit Ranken sich festhaltende Klettersträucher. Die Blätter sind wechselständig und einfach oder tief gelappt, selten handförmig; die Blüten sind zwittrig, polygam und eingeschlechtlich, gelegentlich zweihäusig verteilt, sie sitzen in mehr oder weniger reichverzweigten Ständen jeweils den Blättern gegenüber. Die Früchte sind fleischige Beeren mit 2–4 birnförmigen Samen.

Vitis coignetiae ist eine starkwachsende Art mit rostbraun-filzigen Jungtrieben. Blätter im Umriß rundlich, mehr oder weniger deutlich drei- bis fünflappig, 20–30 cm breit, am Rand mit kurzen, spitzen Zähnen, unten, rostrot-filzig, besonders auf den Nerven, im Herbst prachtvoll scharlach- bis karminrot, Blüten im Juni–Juli, in schmalen, 6–12 cm langen, rostrot-filzigen Ständen. Früchte 1 cm breit, schwarzpurpurn, gerieft. Heimisch in Nordjapan und Korea. Mit der prachtvollen Herbstfärbung die schönste der Wildarten und bei uns am häufigsten in Kultur.

VITIS VINIFERA VAR. SILVESTRIS

Echte Weinrebe

Standort: wärmere Gebiete; in rauhem Klima geschützte Lagen (Mauern, Hauswände)
Wuchshöhe: 1,5–5 m, je nach Erziehung
Standraumbedarf: 3–8 qm, je nach Unterlage, Sorte, Erziehung
Blütezeit: Anfang Juni; unscheinbar aber duftend
Fruchtreife: August – November
Vermehrung: durch Blindreben, Augenstecklinge oder Ableger; Veredelung auf reblausresistente Unterlagen

Die Weinrebe aus der Familie der Rebengewächse *(Vitaceae)* liefert in unserem Kulturkreis Trauben für Most und Wein. Man verwendet seine Früchte auch als Tafeltrauben, getrocknet als Rosinen, als Kompottfrüchte, Kuchenbelag, Saft usw. Tafeltrauben wird eine diätische Wirkung nachgesagt. Auch in der Mythologie spielen sie eine Rolle.

▽ ***Vitis coignetiae***

▽ ***Vitis vinifera*** **'Purpurea'**

Allgemeine Merkmale. Weinreben sind starkwüchsig, mehrere Jahrestriebe von 6–8 m Länge je Pflanze sind normal. Entsprechend reicht das Wurzelwerk oft mehrere Meter in Breite und Tiefe. Sie benützen Bäume und Sträucher als Halt, kultivierte Pflanzen benötigen ein Gerüst. Die Unterlage bildet der Wurzelkörper mit dem Wurzelstamm. Der Wurzelhals sitzt an der Veredlungsstelle. Die Stammlänge ist von der Erziehungsmethode abhängig. Die Pflanze hat Schenkel aus mehrjährigem Holz in unterschiedlicher Zahl, Länge und Stellung. Ruten (einjähriges Holz), die aus vorjährigem Holz entspringen, sind Fruchtruten, die aus älterem Holz sind unfruchtbar. Ruten sind durch Knoten (Nodien) unterteilt, die mit Knospen (Augen) besetzt sind. In den Knospen werden bereits im Sommer Anlagen für Haupttriebe mit Blütenständen (Gescheine) sowie Seitentriebe für das nächste Jahr vorgebildet. Die Traube (bot. eine Rispe!) ist eine umgebildete Ranke und sitzt gegenständig an einem Blatt. Aus den zwei basalen Knoten einer jungen Rute entwickeln sich noch keine Gescheine; diese stehen meist am 3. bis 6. Knoten, bis zu 4 Stück pro Rute. Die Blüten sind zwittrig mit einem Fruchtknoten, 5 Staubgefäßen und einer fünflappigen Blumenkrone, die oben zu einem Käppchen zusammengewachsen ist und als Ganzes abfällt. Zu diesem Zeitpunkt ist die Blüte meist schon bestäubt. Gutes Blütewetter (windstill, 14°C warm, luftfeucht) ergibt guten Fruchtansatz und wenig Rieseln. Die Ranken sind Kletterorgane an noch krautigen Trieben.

Ansprüche. Wein ist sehr anspruchsvoll an Wärme und Licht. Das Rankvermögen hilft, den

▷ ***Vitis vinifera***

Lichtbedarf zu decken. Rebanbau ist auf warme Gebiete und dort zumeist auf Südhänge begrenzt. Mindestansprüche sind mittlere Jahrestemperaturen über 8,5°C und Wintertemperaturen möglichst nicht unter –15°C. Gefährlich sind Frühfröste (mangelhafte Holzausreife) und Spätfröste (Knospenschäden oft schon vor dem Austrieb). 1200–1300 Sonnenstunden sind für eine gute Entwicklung erforderlich. Der Wasserbedarf ist mit 500 mm Regen/Jahr bei günstiger zeitlicher Verteilung gedeckt, da Weinreben sehr tief wurzeln. Häufige Niederschläge im Sommer und Herbst fördern hingegen Krankheiten. Günstige Lagen (Südhänge, Süd- bis West-Wände, geschützte Gärten) ermöglichen den Anbau von Wein auch in solchen klimatisch ungünstigen Gebieten, in denen der Erwerbsanbau nicht mehr rentabel ist. Richtige Sortenwahl und geeignete Erziehungsform ermöglichen den Anbau fast überall in Deutschland. Die Bodenansprüche sind gering. Nicht zu kalkreicher, humoser, gut durchlüfteter Gartenboden ist gut brauchbar, ungeeignet ist Bauschutt im Untergrund.

Vermehrung. Sortenechte Vermehrung über Samen ist nicht möglich, da Nachkommen unkontrolliert aufspalten. So bleibt nur die vegetative Vermehrung z. B. durch Blindreben, Augenstecklinge oder Ableger, zumal Wein sehr leicht Adventivwurzeln bildet. In Weinbaugebieten dürfen nur Pfropfreben auf reblausresistenten Unterlagen gepflanzt werden. Damit ist auch Anpassung an bestimmte Standorte möglich. Gute Baumschul- und Rebveredelungsbetriebe verfügen meist über ein Tafeltraubensortiment. Günstigster Zeitpunkt für Kauf und Pflanzung ist Anfang April bis Mitte Mai. Für Hausreben geeignete Unterlagen: Kober 5BB, Kober 125AA oder 26G für leichtere Böden und größere Spaliere da starkwachsend; 5C mittelstarkwachsend für leichtere, nicht zu feuchte Böden und SO4 oder Teleki 8B mittelstarkwachsend für kalkhaltige und trockene Böden.

Kulturanleitung und Pflegetips. Unterlagenwurzeln auf ca. 15 cm einkürzen, Pflanzstelle mindestens 2 Spatenstiche tief lockern, Grube mit gutem Kompost-Erdgemisch soweit auffüllen, daß die Pfropfrebe bei ausgebreiteten Wurzeln mit der Veredelungsstelle ca. 5 cm über Bodenniveau steht. Mit guter Erde auffüllen, andrücken, festgießen, Erde nachfüllen und die Pflanzstelle mit verrottetem Humus abdek-

Ausgewählte Tafeltrauben-Sorten für Garten und Spaliere

Sorte	Reifezeit*	Beerenfarbe	Schnitt**	Ertrag	Besondere Hinweise
Weiße Sorten					
'Madeleine Celine'	M VIII	gelb	kurz	sehr hoch	braucht gute Böden u. reichl. Düngung; feste Schale. Bewährte Sorte
'Perle von Csaba'	M–E VIII	gelbgrün	kurz (Zapfen)	hoch, aber unregelmäßig	dünne feste Haut, blüteempfindlich
'Augusta Luise'	E VIII	gelb	lang o. kurz	hoch	für windgeschützte Standorte
'Früher Malingre' (syn. 'Malenga')	E VIII	grüngelb	lang o. kurz	sehr hoch	fäulnisanfällig; für kräftige Böden
'Gelbe Seidentraube'	E VIII	hellgrün	lang	schwankend	frostempfindlich, für Südwände
'Königliche Magdalenentraube'	A–M IX	gelblichgrün	lang	hoch	fäulnisanfällig, für Südwände und warme Böden
'Ortega'	A–M IX	gelb	lang o. kurz	hoch	auch Keltertraube; Windschutz während der Blüte erwünscht
'Königin der Weingärten'	M–E IX	gelb	lang o. kurz	hoch	eine der wertvollen Tafeltraubensorten, sehr wüchsig
'Müller-Thurgau'	E IX–A X	gelbgrün	mittel–kurz	hoch	Keltertraube, doch als Hausrebe geeignet
'Weißer Gutedel'	E IX–A X	gelbgrün	kurz o. lang	hoch	frostfest, für kräftige Böden
'Michelsrebe'	M–E X	gelb	lang o. kurz	hoch	nur für wärmere Gebiete; feste Haut; kräftiger Wuchs, häufig ausgeizen
Blaue Sorten					
'Blauer Frühburgunder'	A–M IX	dunkelblau	lang o. kurz	hoch	dichte Trauben, Fäulnisgefahr
'Blauer Portugieser'	E IX	dunkelblau	lang	hoch	Keltertraube, mehltau- und fäulnisgefährdet
'Dornfelder'	E IX–A X	dunkelblau	mittellang	sehr hoch	robuste Keltertraube, auch als Tafeltraube geeignet, für kräftige Böden
'Roter Gutedel'	E IX–A X	rötlich	kurz o. lang	hoch	ähnlich dem 'Weißen Gutedel', eine der wertvollen Tafeltraubensorten, in Baden und in der Schweiz auch bewährte Keltertraube
'Blauer Trollinger' (syn. 'Frankenthaler')	E X–A XI	blauschwarz	kurz o. lang	hoch	Keltertraube, nur für sehr warme Gebiete geeignet

*: A = Anfang, M = Mitte, E = Ende des Monats September, Oktober oder November

**: kurz = 2 bis max. 4 Augen, lang = Ruten mit 6 bis 8 Augen

ken. Auch später wiederholt wässern. Normalerweise wird senkrecht gepflanzt; an Mauern jedoch in 20 cm Abstand schräg zur Wand geneigt, den Pfropfkopf so lange mit einem Erdhügel umgeben, bis die Edelknospe austreibt. Dann die Veredelungsstelle freiräumen, damit sich keine Edelsortenwurzeln bilden. Für jede Erziehungsmethode ist ein Unterstützungsgerüst nötig. Im Pflanzjahr genügt ein Pfahl. Später sollte ein freistehendes Spalier-Gerüst aus Holz- oder Eisenpfählen mit Spanndraht-Paaren zwischen die Triebe gesteckt werden, und zwar in 80, 120 und 160 cm Höhe. An Wänden braucht man ein Holz- oder Drahtgerüst, das ca. 10 cm von der Mauer absteht. Zur Erziehung des Stämmchens bleibt nur der kräftigste von meist mehreren Jungtrieben; überzählige sofort ausbrechen. Vorzeitige Seitentriebe bis auf die gewünschte Stammhöhe (normalerweise 80 cm) als Verstärkungsholz auf ein Blatt einkürzen und bis zum Herbst stehen lassen. Mitte September den Haupttrieb entspitzen, damit er das Längenwachstum einstellt und verholzt. Bei nur schwachem Wuchs im Pflanzjahr wird im folgenden Frühjahr auf nur 2 Augen über der Veredlungsstelle zurückgesetzt und im 2. Jahr das Stämmchen wie beschrieben erzogen. Bei befriedigendem Wuchs wird 2 Augen über dem unteren Gerüstdraht angeschnitten. Von den im 2. Jahr wachsenden Trieben werden maximal 3 benötigt, überzählige im Mai/Juni ausgebrochen. Entsprechend dem vorhandenem Standraum bzw. der zu bekleidenden Wandfläche werden in den Folgejahren mehrere Etagen übereinander erzogen.
Die Laubarbeiten (Ausbrechen, Heften, Laubschneiden) dienen der Förderung der Traubenentwicklung und sind vorbeugender Pflanzenschutz. Beim »Ausbrechen« werden im Juni–Juli alle auf dem alten Holz entstehenden Wasserschosse an ihrer Basis entfernt, da sie unfruchtbar sind und beschatten. Von Doppeltrieben an Fruchtruten und Zapfen wird einer zur Auflockerung der Laubwand. Zu lang überhängende Triebe werden ab Juli entspitzt, gleichzeitig die in der Traubenzone aus Blattachseln der Haupttriebe entstandenen Nebentriebe (Geize) ausgebrochen.

Düngung. An Bodenpflege und Düngung stellt die Weinrebe keine höheren Ansprüche als andere Kulturpflanzen. Ständig offener Boden ist nicht erforderlich; im Spätsommer ist sogar Wasserkonkurrenz erwünscht, da sie die Holzausreife fördert. Die Nährstoffnachlieferung kann über organische oder anorganische Dünger erfolgen.

Krankheiten und Pflanzenschutz. Zahlreiche Schädiger bedrohen die Weinrebe. Die Gefahr wächst mit der Verschlechterung der Standortbedingungen. Bei richtiger Sortenwahl und ausreichender Pflege (lichte Erziehung, ausgeglichene Ernährung und Wasserversorgung) kann auf Spritzungen weitgehend verzichtet werden. Anzustreben ist ein biologisches Gleichgewicht (Raubmilben, Marienkäfer und Florfliegen schonen).

Sorten. Je weiter im Norden bzw. in Höhenlagen Weinreben angebaut werden, desto früher müssen Sorten reifen, um volles Aroma zu erreichen. Pflegebedürftigkeit, Frosthärte und Krankheitsresistenz stehen im Vordergrund. Kreuzungen zwischen amerikanischen und europäischen Reben sind gegen Pilzkrankheiten resistenter als rein europäische Sorten. Die Tabelle links zeigt das angebotene Tafeltrauben-Sortiment.

▽ ***Vitis vinifera***

Vitis vinifera **kann im Garten – wie etwa hier an einer Pergola – in vom Klima begünstigten Gegenden durchaus beachtliche Erträge bringen. Dabei sind die richtige Sortenwahl und die sachgemäße Pflege wichtig. Man sollte sich allerdings auf Tafeltrauben beschränken und das Weinkeltern besser den Winzern überlassen.**

***Wisteria* in Sissinghurst. Diese uralte Glyzine wächst im Garten von Sissinghurst, England, und hat über die Jahre enorme Ausmaße angenommen. Typisch für die Glyzine ist, daß sie sich trotz ihrer Größe eine gewisse Transparenz bewahrt und ihre »Rankhilfe« weiterhin zur Geltung kommt.**

***Wisteria floribunda* 'Alba' ist eine besonders schön blühende Glyzinen-Sorte. Die Traubenlänge beträgt bis zu 60 cm.**

WISTERIA

Glyzine, Blauregen

Standort: sonnige Lage; nahrhafter, durchlässiger Boden
Wuchshöhe: 8–10 m
Blütezeit: Mai – Juni
Vermehrung: durch Ableger oder Veredlung

In Nordamerika und Ostasien sind die 9 *Wisteria*-Arten verbreitet, sie gehören der Familie der Schmetterlingsblütler *(Fabaceae)* an.

Allgemeine Merkmale. Die sommergrünen Lianen sind durch wechselständige, unpaarig gefiederte Blätter und durch große

▽ ***Wisteria floribunda* 'Alba'**

den, end- oder seitenständigen Trauben zusammenstehen. Die Blüten haben einen glockenförmigen Kelch mit 5 ungleichen Zähnen. Die Blütenkrone besteht aus der großen, zurückgeschlagenen Fahne, 2 sichelförmigen Flügeln und einem gekrümmten, kurzen Kiel. Die Frucht ist eine große, mehrsamige Hülse. Samen und Blätter gelten als giftig. In der Gartenkultur gehören Wisterien zu den prachtvollsten Lianen. Für optimales Gedeihen benötigen sie nahrhaften, durchlässigen Boden und eine geschützte, sonnige Lage. In der Natur klettern Wisterien mit ihren windenden Trieben an anderen Pflanzen zum Licht. Im Garten pflanzt man sie an Pergolen oder Lauben; zur Bekleidung von Fassaden sind Klettergerüste notwendig. Ihr Schmetterlingsblüten gekennzeichnet, die in langen, hängenstarkes Wachstum kann man lenken, wenn man im Hochsommer überzählige Seitentriebe bis auf einige Blätter einkürzt.

Wisteria floribunda, die Japanische Glyzine, ist eine bis 8 m hohe, rechtswindende Liane. Blätter mit 11–19 elliptischen bis eilänglichen, 4–8 cm langen Blättchen gefiedert. Violette oder violettblaue Blüten in lockeren, bis 50 cm langen, schlanken Trauben im Mai–Juni. Die Blüten öffnen sich allmählich von der Basis der Traube zur Spitze hin. Heimisch in Japan. Neben der Wildart werden eine Reihe von Sorten gepflanzt, von denen nicht wenige ihren Ursprung in Japan haben.

Wisteria x formosa *(W. floribunda* x *W. sinensis).* Hochwachsende, linkswindende Hybride. Blätter mit 9–15, meist 13 Blättchen. Blüten 2 cm lang, die Fahne blaßviolett, Flügel und Kiel etwas dunkler, die Trauben bis 25 cm lang; fast alle Blüten gleichzeitig aufblühend. Zeigt Merkmale beider Elternarten.

Wisteria macrostachys. Bis 8 m hoch kletternd, linkswindend. Blätter mit 9 (–15) länglich elliptischen, 3–7 cm langen Blättchen. Purpurviolette Blüten im Juni–Juli in 15–35 cm langen, ziemlich dichten Trauben. Heimisch im mittleren Nordamerika.

Wisteria sinensis, Chinesische Glyzine. Bis 10 m hoch wachsend, linkswindend. Blätter mit 7–13 eilänglichen bis ei-lanzettlichen, 5–10 cm langen Blättchen. Blauviolette, etwa 2,5 cm lange, schwachduftende Blüten im Mai –Juni in 15–30 cm langen, ziemlich dichten, stumpfen Trauben. Alle Blüten etwa gleichzeitig aufblühend. Heimisch in China. Ebenso wertvoll wie *W. floribunda.*

▷ ***Wisteria* in Sissinghurst**

KLETTERROSEN

Kletterrosen gehören zu den sogenannten Spreizklimmern. Sie bilden lange, bogig überhängende, mehr oder weniger stark biegsame Triebe aus und benötigen den Halt an einem Klettergerüst.
In ihren Wuchseigenschaften und Standortansprüchen sind die Kletterrosen in etwa den Strauchrosen vergleichbar. Wie bei allen Rosen ist die beste Pflanzzeit im Oktober und November, wenn der Boden noch Restwärme gespeichert hat und die Pflanzen somit die Möglichkeit haben, neue Wurzel auszubilden. In sehr kalten Gegenden und bei besonders schweren Böden kann es allerdings ratsam sein, die Pflanzung auf das Frühjahr, März und April zu verschieben. Im Handel werden teilweise Containerpflanzen angeboten, die das ganze Jahr über, außer bei Bodenfrost, gepflanzt werden können. Doch auch hier sollte die Herbst- bzw. Frühjahrspflanzung bevorzugt werden. Im Sommer, je nach Sorte bis in den Herbst hinein, sind die Kletterrosen dann mit ihrer Blütenpracht ein traumhafter Schmuck für jeden Garten.

Die Königin unter den Blumen ist auch unter den Kletterpflanzen die Kletterrose. Die Abbildung zeigt die Sorte 'Leverkusen' in voller Blüte.

***Rosa* 'American Pillar' gibt es bereits seit 1902. Sie zählt zu den bewährten Sorten und ist besonders winterhart. Selbst Temperaturen bis –18° können ihr nichts anhaben.**

***Rosa* 'New Dawn' bezaubert mit ihrer Blüte nicht nur optisch, sondern darüberhinaus mit ihrem intensiven Duft. Sie erfreut sich großer Beliebtheit und sollte ausreichend Platz zur vollen Entwicklung zur Verfügung haben.**

ROSA

Kletterrosen

Standort: tiefgründige, nährstoffreiche Böden an Lauben, Pergolen oder Bögen in sonnigen Lagen
Höhe: 3–4 m
Blütezeit: Mai – Oktober
Vermehrung: durch Aussaat, Stecklinge und Veredelung.

Mit 100 bis 200 Arten sind die Rosen über den größten Teil der gemäßigten Zonen verbreitet. In Europa kommen nicht mehr als etwa 40 Arten vor.

Allgemeine Merkmale. Rosen haben bestachelte, aufrechte oder bogig überhängende, seltener kletternde oder am Boden kriechende Triebe. Die Blätter sind unpaarig gefiedert. Die meist fünfzähligen, mit zahlreichen Staubgefäßen ausgestatteten Blüten erscheinen einzeln oder in Doldenrispen an den Enden kurzer Seitenzweige. Zahlreiche Fruchtblätter sind in einem krugförmigen Blütenbecher eingesenkt, dessen Öffnung von den zahlreichen Griffeln verschlossen wird. In der Sammelfrucht, der Hagebutte, bildet der rote bis schwarze Blütenbecher das Fruchtfleisch, das die zahlreichen Nüßchen umschließt.
Rosen bieten in ihrem Habitus, in Form und Farbe der Blüten eine große Vielfalt. Angefangen bei den oft bescheiden wirkenden Wildrosen über die Park- und Strauchrose, die Kletterrosen, die Polyantha- und Floribundarosen bis zu den Edelrosen.

Pflanzung. In Kultur verlangen die Rosen eine freie, sonnige und luftige Lage. Sie gedeihen am besten auf tiefgründigen, nährstoffreichen, lockeren Böden mit einem pH-Wert von 5,5 bis 6,5. Da Rosen sehr langlebige Gartenpflanzen sind, ist vor dem Pflanzen eine gute Bodenvorbereitung, also eine tiefgründige Lokkerung und notfalls das Einbringen von Bodenverbesserungsmitteln (alter, verrotteter Stallmist, Rindenhumus oder Torf) angebracht. Rosen können sowohl im Herbst als auch im Frühjahr gepflanzt werden. Bei einer Herbstpflanzung ist ein Anhäufeln der Triebe unbedingt erforderlich. Bei einer Frühjahrspflanzung empfiehlt sich vor dem Pflanzen ein 24stündiges Wasserbad, besonders dann, wenn die Rosen in einem Kühlhaus überwintert haben. Auch bei einer Frühjahrspflanzung werden Rosen zunächst angehäufelt, so werden Schäden durch Austrocknung vermieden. Rosen werden so tief gepflanzt, daß die Veredelungsstelle etwa eine Handbreite unter der Bodenoberfläche steht.

Schnitt. Im Frühjahr nach dem Pflanzen werden bei allen Rosenarten und -sorten die Triebe zurückgeschnitten. In der Regel gilt: Starkwüchsige Sorten und starke Triebe werden schwach zurückgeschnitten, schwachwüchsige Sorten und schwache Triebe dagegen stark.
Kletterrosen können statt im Frühjahr auch gleich nach der Blüte geschnitten werden, um das Ausreifen des Holzes zu fördern. Man entfernt verwelkte Blütenstände, schwächliche und kranke Triebe und kürzt die Seitentriebe auf 2–5 Augen ein. Alle 2–3 Jahre werden die ältesten Triebe so weit unten wie möglich weggeschnitten, um die Bildung von Neutrieben zu fördern.

Winterschutz. In der Regel sind Maßnahmen notwendig. Kletterrosen werden im unteren Bereich 10–20 cm hoch mit Erde angehäufelt und die Triebe fischschuppenartig mit Nadelholzreisig behängt; eine andere Möglichkeit ist, sie in dünnes Juteleinen einzubinden. Dieser Schutz darf nicht zu früh entfernt werden; ein gutes Datum ist der Beginn der Forsythienblüte Ende März/Anfang April.

Krankheiten und Schädlinge. Rosen werden nicht selten von Schädlingen und Krankheiten befallen. Neben einigen tierischen Schädlingen, die bei einem stärkeren Auftreten durch Insektizide bekämpft werden, treten vor allem einige Krankheiten (Mehltau, Sternrußtau und Rost) fast

▽ ***Rosa* 'American Pillar'**

▷ ***Rosa* 'New Dawn'**

Symbolschlüssel:
- sonnig
- halbschattig
- schattig
- hoher Wasserbedarf
- normaler Wasserbedarf
- geringer Wasserbedarf
- hoher Nährstoffbedarf
- normaler Nährstoffbedarf
- geringer Nährstoffbedarf
- giftig

***Rosa* 'Maria Lisa' hat nur kleine Einzelblüten, die aber zu mehreren in Dolden zusammensitzen. Die Pflanzen blühen nur einmal im Jahr, dafür aber sehr reichhaltig. Die sehr wuchsstarke Kletterrose erreicht eine Höhe um 3 m.**

regelmäßig auf. Mehltau wird ab Anfang Juni vorbeugend mit Fungiziden bekämpft. Zur Bekämpfung von Rosenrost sind spätestens ab Befallsbeginn wiederholte Spritzungen mit Baymat flüssig, Euparen oder Saprol notwendig. Auch zur Bekämpfung von Sternruß.

Kultur im Garten. Kletterrosen stammen entweder von verschiedenen Wildarten ab oder sind kletternde Mutanten von Edel- oder Floribundarosen. Alle zeichnen sich durch mehr oder weniger lange Triebe aus, mit denen sie als Wildrosen an ihren natürlichen Standorten andere Sträucher oder Bäume durchschlingen und sich so den notwendigen Lebensraum verschaffen. In der Gartenkultur müssen den Kletterrosen entsprechende Rankhilfen zur Verfügung gestellt werden. Man pflanzt sie an Bögen, Lauben oder Pergolen, an freistehende Pyramiden und Säulen oder an Mauern und Hauswände. Kletterrosen benötigen viel Platz, je nach ihrer Wuchsstärke sollen sie in Abständen von 1–3 m gepflanzt werden.

Sortenempfehlungen. Die wichtigsten Kletterrosen-Sorten in Kurzbeschreibungen:

'Aimée Vibert', syn. 'Bouquet de la Mariée'. Lange, glatte Triebe; Höhe 5 m. Mittelgroße, dichtgefüllte, schalenförmige Blüten in Rosarot bis Weiß mit leichtem Duft, von Sommer bis Herbst.

▽ *Rosa* 'Maria Lisa'

'Alchymist'. Aufrechter Wuchs, Höhe 4 m. Große, dichtgefüllte, gelborange Blüten; duftend. Sommerblühend.

'Aloha'. Starrer, buschiger Wuchs; Höhe 2,5 m. Große, stark gefüllte, schalenförmige Blüten in Rosarot und Lachsrosa; duftend. Erscheinen Sommer bis Herbst.

'American Pillar'. Sehr wüchsig; Höhe 3–4 m. Mittelgroße, einfache Blüten, karminrosa mit weißer Mitte. Erscheinen einmal im Jahr in großen, schirmförmigen Ständen.

'Antika 89'. Stark kletternd; Höhe 2,5–3 m. Bis zum Herbst sehr reiche, feurig scharlachrote Blüten.

'Belle Portugaise'. Sehr kräftiges Wachstum; Höhe 6 m. Große, gefüllte, spitzknospige, hell lachsrosa Blüten; duftend. Sommerblühend.

'Blaze Superior'. Hoher und breiter Wuchs; Höhe 3–4 m. Leicht bogige Triebe. Mittelgroße, gefüllte Blüten scharlachrot, im Verblühen karminrot. 1. Flor reichblühend, bis zum Frost nachblühend.

'Blush Noisette'. Reichverzweigt und locker wachsend; Höhe 2–4 m. Kleine, schalenförmige, gefüllte, tiefrosa Blüten; würzig duftend. Erscheinen Sommer bis Herbst an dornenlosen Stengeln.

'Blush Rambler'. Kräftig wachsend; Höhe 3 m. Kleine, schalenförmige, halbgefüllte, hellrosa Blüten; zart duftend. Eignet sich für Lauben und Pergolen.

'Casino'. Kräftig wachsend; Höhe 2–2,5 m. Große, gefüllte, stark duftende Blüten in Zitronengelb. Reich- und öfterblühend.

'Climbing Ena Harkness'. Verzweigtes Wachstum; Höhe 2,5 m. Große, dichtgefüllte, spitzknospige Blüten in Scharlach- bis Karminrot. Erscheinen an hängenden Stielen von Sommer bis Herbst.

'Climbing Lady Hillingdon'. Höhe 4 m. Große, gefüllte, spitzknospige, apricotgelbe Blüten von Sommer bis Herbst. Benötigt einen geschützten Standort.

'Climbing Mrs. Sam McGredy'. Kräftig und verzweigt wachsend; Höhe 3 m. Große, becherförmige, dichtgefüllte, lachsrosa Blüten mit kupfernem Schimmer; leicht duftend. Blüht im Sommer mit schwacher Nachblüte im Herbst.

'Colonia'. Mäßig starker Wuchs, aber buschig und gut verzweigt; Höhe 2–3 m. Schalenförmige, halbgefüllte Blüten in Dunkel-Blutrot.

'Compassion', syn. 'Belle de Londres'. Aufrecht, stark verzweigt wachsend; Höhe 3 m. Große, rundliche, gefüllte Blüten in Rosa, Pink, Lachs- bis Aprikotfarben; süß duftend. Reichblühend von Sommer bis Herbst.

'Coral Dawn'. Aufrechter, gut verzweigter Wuchs; Höhe 2–2,5 m. Mittelgroße, gefüllte Blüten, lachsrosa. Reich- und dauerblühend.

'Coral Satin'. Höhe 2–3 m. Mittelgroße, locker gefüllte Blüten in Korallenrot mit leichtem Duft, meist zu mehreren an starken Trieben. Reichblühend.

'Easlea's Golden'. Kräftiger, bogig überhängender Wuchs; Höhe 5 m. Große, becherförmige, dichtgefüllte Blüten in Gelb mit roten Sprenkeln; angenehm duftend. Erscheinen im Sommer, zumeist in Büscheln.

'Emily Gray'. Höhe 5 m. Kleine, becherförmige, dichtgefüllte, buttergelbe Blüten mit leichtem Duft, erscheinen im Sommer. In harten Wintern Gefahr des Erfrierens; Anfälligkeit für Mehltau.

'Flammentanz'. Breiter Wuchs; Höhe 4-5 m. Große, gefüllte leuchtend blutrote Blüten.

'Fortune's Double Yellow'. Beschränktes Wachstum; Höhe 2,5 m. Kleine, zugespitzte bis becherförmige Blüten in Gelb mit Kupferschimmer. Erscheinen im Sommer in kleinen Büscheln. Nur bedingt winterhart.

Rosa 'Flammentanz' ist eine Züchtung des Rosenzüchters Kordes aus dem Jahre 1955. Sie blüht sehr reichhaltig und eignet sich auch noch für ungünstige Klimabereiche. Leider fehlt ihr der Duft. Welche Atmosphäre sie schaffen kann, zeigt sie als Rahmen für diese Bank, die so direkt zum Verweilen einlädt.

▽ **_Rosa_ 'Flammentanz'**

Kletterrose am Zaun. Kletterrosen sind Spreizklimmer. Mit ihren langen, biegsamen Trieben lassen sie sich leicht am Spalier oder, wie hier abgebildet, an Zäunen ziehen. Zaun und Rose harmonieren sehr schön, ohne daß einer der beiden ein Übergewicht erhält.

'Francois Juranville'. Kräftiger, bogig überhängender Wuchs; Höhe 6 m. Mittelgroße, rosettenförmige, gefüllte, lachsrosa Blüten; nach Apfel duftend. Sommerblühend. Anfälligkeit für Mehltau.

'Golden Showers'. Höhe 2–3 m. Große, halbgefüllte Blüten in Hellgoldgelb mit leichtem Duft; erscheinen in kleinen Büscheln. Reich und lange blühend.

'Goldfassade'. Breit ausladender Wuchs; Höhe 3–4 m. Mittelgroße, gefüllte Blüten; dunkelgelb, im Aufblühen goldgelb; reichlich duftend; zu fünft in kleinen Büscheln angeordnet.

'Goldfinch'. Kräftiger, bogig überhängender Wuchs. Höhe 3 m. Kleine, rosettenförmige, gefüllte, dottergelbe Blüten, leicht duftend. Sommerblühend.

'Gruß an Heidelberg'. Höhe 2–3 m. Große, gefüllte, feurigrote Blüten mit leichtem Duft; zu fünft bis zehnt in kleinen Blütenständen angeordnet. Bis in den Herbst durchblühend.

'Ilse Krohn Superior'. Mittelgroßer Wuchs; Höhe 2–3 m. Große, gefüllte, creme-, später reinweiße Blüten, reichlich duftend. Reich- und öfterblühend; edelrosenähnlich.

'John Cabot'. Kräftiger Wuchs; Höhe 1,5 m. Mittelgroße, becherförmige, gefüllte, magentarote Blüten in Büscheln bis in den Herbst hinein.

'Kathleen Harrop'. Lockerer, bogig überhängender Wuchs; Höhe 2,5 m. Mittelgroße, becherförmige, gefüllte, blaßrosa Blüten; duftend. Blüht Sommer bis Herbst. Auch als Hecke geeignet. Anfällig für Mehltau.

'Lady Waterlow'. Höhe 4 m. Große, spitzknospige bis becherförmige, gefüllte Blüten in Hellrosa bis Lachsfarben; angenehm duftend. Reichblühend im Sommer, schwächere Nachblüte im Herbst.

'Lawinia'. Höhe 2–3 m. Große, lockergefüllte Blüten in Intensivrosa mit silbrigem Schimmer; reichlich duftend; erscheinen einzeln oder in kleinen Büscheln. Durchblühend, wirkungsvoll.

'Maréchal Niel'. Kräftiger, flach ausbreitender Wuchs; Höhe 3 m. Große, knospige, dichtgefüllte, gelbe Blüten; schwach duftend. Blüht bis in den Herbst.

'Maria Lisa'. Sehr kräftiger Wuchs; Höhe 2–3 m. Kleine, einfache Blüten in Dunkelrosa mit weißer Mitte; in Büscheln. Blüht einmal, aber sehr reich.

'Morning Jewel'. Stark verzweigter Wuchs; Höhe 2 m. Große, becherförmige, gefüllte, leuchtend rosa Blüten; gewöhnlich in Büscheln. Im Sommer und Herbst reichblühend.

'New Dawn'. Besonders winterhart und starkwüchsig; Höhe 3–4 m. Mittelgroße, locker gefüllte Blüten in Hellrosa, später verblassend; reichlich duftend. Blüht bis in den Spätherbst durch. Blüten in dichten Büscheln. Gesunde Sorte.

'Niphetos'. Verzweigter Wuchs; Höhe 3 m. Lange, spitze Knospen auf nickenden Stielen; große, rundliche, gefüllte, weiße Blüten; vorwiegend im Sommer, schwache Nachblüte im Herbst.

'Parade'. Mittelstarker Wuchs; Höhe 2,5–3,5 m. Große, gefüllte Blüten in Rosarot, später verblassend; leichter Duft. Bis zu zehn Blüten in lockeren Büscheln.

'Paul Transon'. Kräftiger Wuchs; Höhe 4 m. Mittelgroße, flache, gefüllte, lachsrosa Blüten mit kupfernem Schimmer; schwach duftend. Sommerblühend.

'Paul's Himalayan Musk Rambler'. Sehr kräftiger Wuchs; Höhe bis 10 m. Kleine, rosettenförmige, gefüllte, blaßrosa Blüten mit leichtem Duft. Erscheinen im Spätsommer reichlich in großen Büscheln. Besonders geeignet für naturnahe Gärten.

'Ramona', syn. 'Red Chirokee'. Relativ steif, frei kletternd; Höhe 3 m. Große, flache, duftende Einzelblüten in Karminrot mit gräulicher Unterseite und goldenen Staubgefäßen. Sommerblühend mit geringer Nachblüte im Herbst. Bester Standort: warme Mauer.

'Reine des Violettes'. Flach ausbreitende Hybride; Höhe 2 m. Mittelgroße, viergeteilt rosettenförmige, dichtgefüllte Blüten in Violett bis Purpur. Reichblühend von Sommer bis Herbst.

'Sander's White Rambler'. Lockerer Wuchs; Höhe 3 m. Kleine, rosettenförmige, dichtgefüllte weiße Blüten, duftend. Erscheinen im Spätsommer in Büscheln.

'Schoolgirl'. Schlanker Wuchs; Höhe 3 m. Große, rundliche, dichtgefüllte, aprikotorange Blüten, schwach duftend. Von Sommer bis Herbst blühend.

'Sympathie'. Kräftiger, reich verzweigter Wuchs; Höhe 3 m. Mittelgroße, becherförmige, dichtgefüllte, leuchtend tiefrote Blüten mit leichtem Duft. Blüht Sommer bis Herbst, meist in Büscheln.

'Veilchenblau', syn. 'Blue Rambler'. Starkwüchsige Kletterrose mit rosettenförmigen, violetten, weißgestreiften Blüten, duftend. Blüht im Sommer.

'Wedding Day'. Wuchernd; Höhe 8 m. Kleine, flache, cremig weiße Einzelblüten, zunächst cremig weiß, später blaßrosa; fruchtigduftend. Blüht vorwiegend im Spätsommer. Besonders für naturnahe Gärten.

'White Cockade'. Langsamer, buschiger, aufrechter Wuchs; Höhe 2–3 m. Mittelgroße, rundliche, dichtgefüllte, weiße Blüten mit leichtem Duft von Sommer bis Herbst.

▷ **Kletterrose am Zaun**

Spalierobstbäume besitzen eine lange Tradition. Ihre Verwendung hatte im letzten Jahrhundert ihren Höhepunkt und gewinnt in der heutigen Zeit wieder mehr und mehr an Bedeutung. Dabei spielen neben den verschiedenen kunstvollen Spalierformen der Obstbäume, die Qualität der Früchte und nicht zuletzt die Erscheinungsform der Pflanzen im Wechsel der Jahreszeit eine entscheidende Rolle.
Für ein erfolgreiches Obstbaumspalier ist es in erster Linie wichtig, die richtige Obstart und -sorte am jeweiligen Standort zu verwenden. In der Regel wird die Süd- bzw. die Südwestseite bevorzugt.
Die Birne *(Pyrus)* zählt zu den besten Spalierbäumen. Sie läßt sich leicht in Form bringen und besonders die spätreifenden Sorten profitieren vom Wärmespeichervermögen der Hauswand. Ähnliches gilt für Pfirsich und Aprikose *(Prunus persica* bzw. *armeniaca)*, die allerdings normalerweise nur in südlicheren Gegenden zufriedenstellende Fruchtqualitäten hervorbringen. Die Sauerkirsche *(Prunus cerasus)* und hier insbesondere die Schattenmorelle unterscheidet sich insofern von den anderen Obstarten, als sie sich auch noch für die Nord- und Ostseiten eines Gebäudes eignet. Beim Apfel *(Malus)* eignen sich nur wenige Sorten, so daß er als Spalierbaum keine so große Bedeutung hat.

Birnen *(Pyrus)* am Spalier sind etwas ganz Besonderes. Die Früchte erhalten hier mehr Sonne und so ist es kein Wunder, daß dies auch die süßesten Früchte sind.

SPALIEROBST

***Cydonia oblonga*, hier abgebildet: die Birnenquitte, eignet sich nicht für den rohen Verzehr. Man verwendet sie für Kompott, Marmelade oder Gelee. Die Birnenquitte wird auch gern als Zusatz in den Most gegeben.**

CYDONIA OBLONGA

Quitte, Quittich, Kitte

Standort: warmes Klima; Bodenansprüche gering, aber keine staunassen oder kalkreichen Böden
Wuchshöhe: 3–5 (8) m
Standraum: 9-25 (36) qm
Blütezeit: Ende Mai
Vermehrung: als Veredelungsunterlage durch Abrisse, als fruchttragender Baum durch Veredelung

Die Quitte aus der Familie der Rosengewächse *(Rosaceae)* gehört zum Kernobst. Ihr Anbau ist heute noch in der Sowjetunion, in der Türkei und auf dem Balkan von Bedeutung. Auch in Übersee wird sie kultiviert. Die Quitte kommt verwildert als Strauch vor oder in kultivierter Form als Baum. Die verbreitetste Wuchsform ist jedoch der Busch. Quitten können 50 Jahre alt werden. Ausgangsformen der Quitte stammen aus Transkaukasien, Turkistan und dem nördlichen Iran. Von den Griechen wurde sie als »kydonischer Apfel« bezeichnet, weil sie die Früchte aus dem Gebiet der Kydonen auf Kreta bezogen. Daher der heutige Gattungsname *Cydonia.* In Mythologie und Medizin spielte die Quitte eine wichtige Rolle.

Allgemeine Merkmale. Der Austrieb beginnt früh. Blatt- und Blütenknospen sind zunächst kaum zu unterscheiden. Blattknospen entfalten sich lange vor den Blütenknospen. Die eiförmigen bis ovalen Blätter sind ledrig, glattrandig und unterseits filzig behaart. Die duftenden Blüten öffnen sich später als bei anderen Obstarten. Mit 5–7 cm Durchmesser sind sie auffallend groß. Sie sind hellrosa bis rosa mit dunkleren Adern, stehen einzeln und werden gern von Bienen aufgesucht. Quitten haben auch dank ihrer Blüten und Früchte einen Zierwert. Zudem ist das junge Holz graubraun, der Stamm älterer Bäume oft stark gerillt und gedreht, teils mit abblätternden Rindenschuppen. Die Beurteilung der Befruchtungsverhältnisse ist noch nicht abgeschlossen, für den Garten kann man von ausreichender Selbstfruchtbarkeit ausgehen. Die Befruchtung erfolgt durch Insekten und Wind.
Es werden Apfel- und Birnenquitten mit entsprechend überwiegend rundlichen bzw. länglichen Fruchtformen angebaut. Übergänge sind vorhanden. Auch Früchte desselben Baumes variieren stark. Normal entwickelte Früchte wiegen stets über 250, selten bis 1000 g. Sie sind gelb, anfänglich mit feinem Haarfilz bedeckt, der mit zunehmender Reife bis auf Reste verschwindet, die wegen möglicher Geschmacksbeeinträchtigung vor der Verarbeitung abgewischt werden sollen. Die Frucht ist hart, ihr Fleisch grobkörnig, sehr fest mit vielen Steinzellen, so daß es roh kaum genießbar ist. Es hat einen herben Geschmack aber zugleich ein starkes, köstlich duftendes Aroma. Apfelquitten haben härteres Fleisch und sind aromatischer als die saftigeren Birnenquitten. Hoch ist der Gehalt an Pektin und Säuren. Insgesamt ist die Quitte eine der am vielseitigsten verwendbaren Früchte. Schon ein Zusatz genügt, den geschmacklichen Wert anderer Produkte zu steigern. Sie wird zu Kompott, Marmelade, Gelee und Quittenbrot verarbeitet. Reiner Saft ist zu herb und sauer, aber zum Verschnitt bestens geeignet. Der Wuchs kann in den ersten Jahren recht stark sein, läßt aber bald nach. Die Zeit voller Erträge beginnt etwa mit dem 8. Standjahr. Ein Baum kann 40 kg und mehr bringen.

Standortansprüche. Die Quitte gedeiht auch auf weniger fruchtbaren, trockenen Böden, fühlt

▽ ***Cydonia oblonga*** **(Birnenquitte)**

Symbolschlüssel:

- sonnig
- halbschattig
- schattig
- hoher Wasserbedarf
- normaler Wasserbedarf
- geringer Wasserbedarf
- hoher Nährstoffbedarf
- normaler Nährstoffbedarf
- geringer Nährstoffbedarf
- giftig

sich aber auf warmen, mäßig feuchten Plätzen am wohlsten. Auf Staunässe und bei hohem Kalkgehalt reagiert sie mit Chlorose. Wichtig ist eine geschützte Lage, da das Holz strenge Winterkälte schlecht verträgt. Nach Frostschäden regeneriert es sich jedoch recht gut. Spätfröste sind kaum zu fürchten, weil die Blütezeit sehr spät ist.

Veredelung. Kultursorten werden auf Quittenunterlage veredelt und meist als zweijährige Büsche (40–60 cm Stammhöhe) oder als Niederstamm (80 bis 100 cm) zum Verkauf gebracht. Seltener sind Halb- und Hochstämme, die früher auf Weiß- oder Rotdorn veredelt wurden. Wegen möglicher Infektion durch das gefährliche Feuerbrand-Bakterium verzichtet man heute auf die Verwendung dieser beiden Arten als Veredelungsunterlage und Stammbildner. Mit der Quitte als alleiniger Veredelungsunterlage werden außer Büschen auch Bäume mit höheren Stämmen erfolgreich angezogen. Die Kronenausdehnung bleibt entsprechend geringer.

Krankheiten und Schädlinge. Bis auf Ausnahmen spielen sie bei der Quitte keine nennenswerte Rolle. Zwei Pilzkrankheiten können zu Schäden führen: Monilia befällt Blüten und junge Blätter, so daß diese und kleine Früchte absterben. Wichtig ist das Entfernen kranker Organe, um weitere Ansteckung zu vermeiden. Blattbräune kann während der Vegetation ständig zunehmen und im Herbst auch Früchte befallen. Wurmige Früchte sind selten, insektizide Behandlungen eigentlich nie erforderlich.

Kulturanleitung und Pflegetips. Näheres zur Kultivierung der Pflanzen am Spalier finden Sie im Abschnitt 'Spaliere' ab S. 142.
Bodenbearbeitung nur ganz flach, um die Wurzeln der Veredelungsunterlage nicht zu verletzen und zur Bildung von Wurzelschossen anzuregen. Besser ist, den Boden zu mulchen.

Düngung nur, wenn eine Bodenuntersuchung dies als notwendig ausweist. Bewässern ist von August bis Mitte September am wirkungsvollsten.

Ernte. Ab Mitte Oktober, sobald die ersten Früchte fallen. Diese sind dann goldgelb und duften intensiv. Grünliche Früchte noch einige Tage hängen lassen, bis auch sie ganz gelb geworden sind. Früh ist zu ernten, wenn auf Gelierfähigkeit Wert gelegt wird. Bräunliches Fruchtfleisch als Folge sehr später Ernte schränkt die Verwendbarkeit nicht ein.

Sortenempfehlungen. Für die Kultivierung am Spalier eignen sich vor allem folgende Quittensorten.

'Champion'. Eine ungemein reichtragende Sorte mit großen Früchten, die ab Ende September geerntet werden.

'Riesenquitte von Leskovac'. Sie gehört zu den großfrüchtigen Spätsorten. Das Fruchtfleisch ist weiß und eignet sich besonders zum Einmachen. Diese Sorte gilt als besonders widerstandsfähig.

'Bereczki'-Quitte. Sie bringt ungemein große Früchte hervor und wird erst spät im Jahr geerntet. Von ihrem Wuchsverhalten ist sie sehr dankbar.

Sorten mit Quitten als Veredelungsgrundlage sind im Vergleich zu Birnen oder Äpfeln relativ schwachwüchsig. So eignen sich Quitten besonders für kleinere Spaliere, die nur wenige Meter hoch sind. Für die Spätsorten eignen sich vor allem die süd-, südost- bzw. südwestexponierten Hauswände.

▽ ***Cydonia oblonga* (Apfelquitte)**

***Cydonia oblonga*. Die Apfelquitte hat rundlichere Früchte. Im Gegensatz zur Birnenquitte ist das Fruchtfleisch härter und insgesamt aromatischer. Quitten lassen sich sehr gut am Spalier ziehen. Man muß jedoch darauf achten, daß Fremdbestäubung, die dann vorliegt, wenn verschiedene Sorten in nächster Nachbarschaft stehen, die höheren Erträge bringt.**

***Malus toringo* var. *sargentii*. Die Früchte dieser Zierapfelsorte haben für die Ernährung keine Bedeutung. Die weißen Blüten erscheinen im Mai am mehrjährigen Holz und sind immer wieder aufs Neue überwältigend.**

MALUS DOMESTICA

Apfel

Wuchshöhe: 2,5–10 m
Standraum: 3–100 (120) qm
Blütezeit: erste Maihälfte, nicht selbstfruchtbar
Vermehrung: durch Veredelung auf vegetativ vermehrte Unterlagen oder Sämling
Reife: sortenbedingte Pflückreife Juli–November; bei Benutzung von Kühllagern ganzjährig verfügbar

Der Apfel mit vielen Zierarten gehört zur Familie der Rosengewächse *(Rosaceae)* und ist die wichtigste Kernobstart.

▽ ***Malus toringo* var. *sargentii***

Geschichte. Die Entwicklung der Gattung *Malus* begann vor 60 Millionen Jahren in den Bergtälern Südostasiens. Die Ausbreitung erfolgte nach Westen. Vor 20 Millionen Jahren entstanden zwischen Himalaya und Kaukasus die Vorläufer unserer Äpfel. Die Römer lieferten neben neuen Sorten vor allem die Kenntnis des Veredelns mit als Voraussetzung, die Eigenschaften einer Sorte über das Leben des ursprünglichen Sämlings hinaus zu erhalten. Die weitere Entwicklung der Apfelkultur führt über Klöster und landesherrliche Förderung bis in die Neuzeit. Eine Züchtung neuer Sorten begann Ende des 19. Jahrhunderts.

Allgemeine Merkmale. Die sortenbedingte Wuchsstärke wird durch unterschiedliche Veredelungsunterlagen entscheidend abgewandelt. Dadurch kann ein Baum derselben Sorte landschaftsprägende Größe haben, auf nur 4 qm Platz finden oder sich als Spalierbaum eignen. Grundform der Krone ist die Kugel. Ihre Höhe, Breite und Dichte wird durch Stellung und Verzweigung der Triebe variiert. Die Blätter sind hell- bis sehr dunkelgrün und glänzen manchmal; unterseits sind sie meist unauffällig behaart. Schattenblätter sind heller und tragen kaum zur Stoffproduktion bei. Die kleinen, spitzen Blattknospen lassen sich im Winter von den großen, runden Blütenknospen meist gut unterscheiden. Falls nicht, schneidet man erst kurz vor Austrieb oder Blüte, wenn die Knospen leicht zu identifizieren sind. Bestes Fruchtholz bildet sich als seitlicher Kurztrieb am zweijährigen Langtrieb oder aus Fruchtkuchen (alter Fruchtansatz) und schließt mit der Blütenknospe ab. In günstigen Jahren entwickeln sich achselständige Blütenknospen schon am einjährigen Langtrieb. Sie sind schwächer, bringen selten vollwertige Früchte, ermöglichen aber noch einen Ertrag, wenn andere Blüten durch Frost zerstört wurden, da sie sich später öffnen. Beim Erblühen werden zunächst die Kelchblätter sichtbar, dann ballonartig 5 rosa Blütenblätter. Voll entfaltet herrscht die weiße Farbe vor. Rötlich und gelblich folgen im Innern die Staubgefäße. Ihre Verbräunung zeigt, daß die Pollen nicht mehr intakt sind. Der zentrale Stempel mit klebriger Narbe mündet im Kernhaus, dessen fünf Fächer oft pergamentartig zäh sind. Farbe und Duft locken die Honigbienen an. Aus der mittelsten Blüte eines Blütenstandes entwickelt sich meist der beste Apfel.
Äpfel sind selbstunfruchtbar und auf Bestäubung mit geeigneten Pollen anderer Sorten angewiesen. Nach der Blüte werden unbefruchtete Blüten und kleinste Früchtchen abgeworfen. Eine zweite Periode des Fruchtfalls,

der Junifall, folgt Ende Juni/Anfang Juli. Bleiben zu viele Früchte hängen, entwickeln sich diese ungenügend, und es kann zu »Alternanz« kommen, bei der die Erträge von Jahr zu Jahr stark schwanken. Um dem vorzubeugen, ist Ausdünnen unerläßlich. Die weitere Größenzunahme der Frucht wird von ihrer Gesundheit, von ausreichender Wasserversorgung, von intaktem Blattwerk sowie von der Behangstärke bestimmt. Der Apfel variiert in der Pflückreife von Ende Juli bis Anfang November und in der Genußreife von Ende Juli – bei Aufbewahrung in einem kühlfeuchten Keller – bis April.

Standortansprüche. Der Apfel braucht sonnige Standorte. An die Bodenverhältnisse ist eine gewisse Anpassung durch Unterlagenwahl möglich. Die Bodenqualität bis 50 cm Tiefe ist am wichtigsten, da sich dort die Hauptmasse der Wurzeln befindet. Flachgründige Böden scheiden aus. Nachteilig sind extrem leichte, schwere oder nasse Böden. Letztere erhöhen die Anfälligkeit gegen Obstbaumkrebs. Die Bodenreaktion kann von mäßig sauer bis neutral reichen, soll aber pH 5,5 nicht wesentlich unter- und pH 7 nicht deutlich überschreiten. Ausreichend Humus steigert die Bodenqualität.
Hohe Frühlingstemperaturen bedingen frühen Austrieb und erhöhen Spätfrostgefahr. Beste Gewinne in der Stoffproduktion werden zwischen ca. 20°C und 25°C erreicht. Hitze über 30°C mindert sie und kann zu Sonnenbrand an Früchten führen. Kühle Herbstnächte fördern die Deckfarbe. Frühfröste im Herbst verkürzen die Vegetationszeit und begrenzen den Anbau von Spätsorten. Winterfröste schaden meist erst unter –20°C. Starke Sonneneinstrahlung bei Kälte und Schnee verursacht Frostrisse. Spätfrostgefährdete Standorte sind zu meiden.
Höchste Ansprüche stellt der Apfel an regelmäßige Wasserversorgung vor allem zwischen Mai und August. Überreichliche Wassermenge führt oft zu unerwünscht starker Triebbildung und verzögertem Laubfall mit erhöhter Frostempfindlichkeit im Winter. Zeitweiliger Wasserüberschuß hemmt infolge von Luftmangel die Nährstoffaufnahme.

Veredelung. Sie erfolgt normalerweise in der Baumschule. Für Äpfel gibt es schwach-, mittelstark- und starkwachsende Veredelungsunterlagen. Schwachwachsende werden für kleine Baumformen auf guten Böden und starkwachsende für große Baumformen verwendet. Mittelstarkwachsende erlauben auch bei geringer Bodengüte und schwachwachsenden Sorten kleine Baumformen. Starkwachsende sind standfest und brauchen nur in der Jugend einen Baumpfahl, während die anderen Unterlagen meist zeitlebens Unterstützung benötigen.

Kultur am Spalier. Die einzelnen Apfelsorten verhalten sich am Spalier recht unterschiedlich. Grundsätzlich kann man sagen, daß der Apfel sich dem Schnitt nicht vollständig unterwirft und bei zu hoher Wärme und Trokkenheit anfällig gegenüber Mehltau und anderen Krankheiten ist. Daher heißt es auch oft, daß sich der Apfel am wenigsten unter den heimischen Obstarten als Wandbaum eignet. Es gibt jedoch einige sehr wärmebedürftige und robuste Sorten, die sich auch problemlos am Spalier kultivieren lassen. Sie sind in der Tabelle auf S. 142 zusammengefaßt.

Malus domestica, hochveredelt. Auch im modernen Obstanbau macht man sich die Vorteile der Spalierkultur zunutze. Die Bäume sind leichter zugänglich und die Lichtausbeute der einzelnen Bäume und Früchte ist einigermaßen gleichmäßig. Diese Vorteile machen sich besonders bei wärmebedürftigen Sorten bemerkbar.

▽ ***Malus domestica*, hochveredelt**

***Prunus armeniaca*, die Aprikose, gehört zu den klassischen Spalierobstbäumen. Die wärmespeichernde, sonnenexponierte Hauswand ist gerade außerhalb des Weinbauklimas der Garant für ausgereifte, süße Früchte. Je nach Bodenverhältnissen bietet der Handel Aprikosensämlinge oder auf Hauszwetschge sowie Pflaume veredelte Bäumchen an.**

PRUNUS ARMENIACA

Aprikose, Marille

Standort: warmes Klima, geschützte Lagen mit mäßig feuchten, durchlässigen Böden
Wuchshöhe: kann auf ca. 3 m begrenzt werden
Standraumbedarf: 25–35 qm, je nach Sorte, Unterlage und Boden
Blütezeit: Mitte März
Fruchtreife: Mitte Juli bis Mitte August
Vermehrung: nur durch Veredelung (Okulation oder Pfropfung) auf Unterlagen

Wahrscheinlich ist die Aprikose im nördlichen China beheimatet, wo sie schon seit 400 Jahren kultiviert wird. Wildformen sind heute noch im gesamten ost- und südasiatischen Raum zu finden. Vermutlich ist der Baum durch die Römer zu uns gekommen. Marktproduktion heute vornehmlich noch in Südeuropa. Bisheriger Anbau in Südtirol (Vintschgau), Österreich (Steiermark) und in der Bundesrepublik (Rheinhessen) geht wegen unregelmäßiger Erträge und Billigimporte und der oft kurzen Lebensdauer der Bäume zurück. Aprikose steht fast nur noch in Gärten zur Selbstversorgung.

Allgemeine Merkmale. Die Aprikose ist eine recht starkwachsende Steinobstart aus der Familie der Rosengewächse *(Rosaceae)*. Die Wuchsform variiert zwischen 2 m hohen Sträuchern (Sibirische Aprikose) und bis 16 m hohen Bäumen (Mandschurische Aprikose). Veredelte Bäume wachsen in der Jugend sehr stark. Jahrestriebe von 1,8 m Länge sind häufig, garnieren sich aber bei flacher Stellung willig mit Kurztrieben und Blütenknospen. Das Längenwachstum läßt dann rasch nach. Die zwittrige Blüte erscheint sehr früh, meist vor den Blättern, ist daher stark spätfrostgefährdet.

▽ ***Prunus armeniaca***

Ansprüche. Geeignet sind sonnige Süd- und Westhänge ohne Kaltluftstau in milden Klimagebieten (bevorzugt Weinbauklima). In Gärten möglichst geschützte, windbeständige Lagen wählen. Die Böden sollen durchlässig sein; auch trockene und steinige Flächen mit hohem Kalkgehalt sind brauchbar. Das Holz des Aprikosenbaums ist frosthärter als das des Pfirsichs, empfindlich jedoch gegen Temperaturschwankungen im Frühjahr und spätfrostgefährdet. Frostplatten an Stämmen und dicken Ästen können durch Kalkanstrich oder Einbinden mit Papier vermindert werden. In regenreichen Gebieten sind Aprikosen sehr krankheitsanfällig.

Veredelung. Die Aprikose ist selbstfruchtbar, auf Befruchtersorten also nicht angewiesen und fällt daher aus Samen weitgehend echt. Zur Qualitätssicherung sollten dennoch nur veredelte Bäume gepflanzt werden. Die beste Unterlage für trockene Standorte ist der Aprikosensämling, sonst kommen Hauszwetschge oder St.-Julien-Pflaume in Frage. Veredelung am Wurzelhals oder in Kronenhöhe. Günstigste Pflanzzeit ist das zeitige Frühjahr.

Kultur am Spalier. Spalieraprikosenbäume haben gegenüber freistehenden Bäumen den großen Vorteil, daß sie auch außerhalb des Weinbauklimas bestens gedeihen. Man pflanzt sie an die warme Süd-, Südost- oder Südwestseite des Hauses als Nieder- oder Hochfächerspalier. Auf Grund der Starkwüchsigkeit muß häufig geschnitten werden. Wie alles Steinobst verträgt auch die Aprikose den Winterschnitt nur schlecht. Während des Sommers werden daher überschüssige Äste entfernt und die verbleibenden in Form gebunden.

PRUNUS CERASUS

Sauerkirsche

Standort: auch weniger fruchtbare, aber gut durchlüftete Böden
Standraumbedarf: 16–25 qm
Wuchshöhe: 3–6 m
Blütezeit: Ende April bis Mitte Mai
Fruchtreife: Mitte April bis Mitte August
Vermehrung: durch Veredelung

Die Urformen der Sauerkirschen sind in Mitteleuropa, Kleinasien und im Kaukasus verbreitet. Es wird angenommen, daß einige von ihnen Kreuzungen von *Prunus avium* und *Prunus fruticosa* sind. Letztere hat ihr Hauptverbreitungsgebiet am Aralsee und an der unteren Wolga. Der Anbau von Sauerkirschen hat in den letzten Jahren stark zugenommen. Sie sind zur wichtigsten Kirschenart geworden und vor allem in Deutschland, den Niederlanden, der Tschechoslowakei, Polen, Ungarn und Jugoslawien verbreitet. Bedeutende Bestände auch in den USA.

Allgemeine Merkmale. Sauerkirschen aus der Familie der Rosengewächse *(Rosaceae*, Unterfamilie *Prunoideae)* sind mittelstark wachsende Bäume oder Büsche von 3–6 m Höhe, häufig mit überhängendem, fädigem Wuchs und benötigen 16–25 qm Standraum. Die Blüte beginnt Anfang Mai nach der Süßkirsche. Reifezeit ist Mitte Juli bis Mitte August. Zum Frischverzehr ist sie wegen zu hohen Säuregehaltes nicht so gut wie die Süßkirsche geeignet. Einige kleinfrüchtige Sorten sind zwar sehr säurereich, mit Zucker konserviert aber auch besonders aromatisch. Es gibt dunkelfrüchtige, tiefrote Sorten, wie die 'Schattenmorelle' (die Morellen oder Weichselkirschen) und hellfrüchtige (die Amarellen), wie 'Ludwigs Frühe' und 'Montmorency', selbstfruchtbare und selbstunfruchtbare. Die wichtigsten bei uns angebauten Sorten sind selbstfruchtbar. Sauerkirschen platzen nicht so leicht wie Süßkirschen; sie werden nicht von Vögeln heimgesucht und auch selten von der Kirschfruchtfliege. Sie sind jedoch empfindlich gegen Monilia sowie gegen Blattkrankheiten und Virusbefall.

Ansprüche. Sauerkirschen sind mit ärmeren Standorten zufrieden als Süßkirschen. Für Anpflanzungen auf leichteren Sandböden werden sie meistens auf Steinweichsel *(Prunus mahaleb)* veredelt, für schwere Böden auf Vogelkirsche *(Prunus avium)*. Sie vertragen keine Staunässe und verlangen luftige Standorte. Wegen ihrer Empfindlichkeit gegen Holz- und Blattpilze ist in Gebieten mit hoher Luftfeuchtigkeit und insbesondere in warmfeuchten Lagen vom Anbau der Sauerkirschen abzuraten.

Veredelung. Wie die meisten Kernobstarten werden Sauerkirschen durch Veredelung vermehrt, nur in ganz seltenen Fällen kommt auch Aussaat oder Vermehrung durch Wurzelausläufer vor. Die Veredelung geschieht meist in der Baumschule.

Krankheiten und Schädlinge. Hauptschädling vieler Sauerkirschen ist die Zweigdürre. Durch richtige Sortenwahl, Schnitt und Spritzung in der Blüte lassen sich größere Verluste vermeiden.

Kultur am Spalier. Sauerkirschenfächerspaliere, wie etwa die Schattenmorelle, gedeihen auch noch an der Nord-, Ost- oder Westseite des Hauses. Für kleine Spaliere wählt man die schwachwüchsige Unterlage *Prunus mahaleb*, wogegen man bei großen Spalieren einen Kirschwildling als Unterlage bevorzugt.

▽ ***Prunus cerasus*** **'Schattenmorelle'**

Prunus cerasus **'Schattenmorelle' ist durch ihren typisch säuerlichen Geschmack gekennzeichnet. Im Gegensatz zu anderen Spalierobstarten gedeiht sie auch noch sehr gut an nord- und ostexponierten Hauswänden.**

***Prunus persica*, der Pfirsich, bietet mit seinen zartrosa Blüten etwas besonderes. Die Pflanzen sind sehr wärmebedürftig und eignen sich daher in idealer Weise für das Spalier. Die samtartigen Früchte reifen von Juni bis Oktober.**

***Prunus persica*, der Pfirsich, am Spalier. Auch nach dem Ertrag ist der Pfirsich-Spalierbaum sehr dekorativ, wie etwa vor dieser Holzwand. Der Boden sollte locker und humos sein. Sehr kalkhartige Böden und Staunässe werden gemieden.**

PRUNUS PERSICA
Pfirsich

PRUNUS PERSICA VAR. NECTARINA
Nektarine

Standort: milde Klimagebiete, geschützte Lagen; staunässe- und kalkempfindlich
Standraumbedarf: 12–20 qm
Wuchshöhe: Niederstämme bis 3 m
Fruchtreife: Juni-Oktober
Vermehrung: Veredelung auf Unterlage; nur Okulation

Heimat der wichtigsten Wildformen ist das mittlere und nördliche China. Über den Vorderen Orient und den Mittelmeer-Raum kamen sie zu uns, wo sie durch Jahrhunderte in Orangerien kultiviert wurden.

Allgemeine Merkmale. Die zur Familie der Rosengewächse *(Rosaceae)* gehörenden Gehölze wachsen meist baum- bis strauchartig und werden, als Niederstämme gezogen, maximal 3 m hoch. Das Blatt ist schmal, lang, wenig behaart; die rosa Blüte eine auffallende Zier. Alle Sorten sind zwittrig und von wenigen Ausnahmen abgesehen selbstfruchtbar; Befruchtersorten sind zur Ertragssicherung also nicht erforderlich. Die Früchte sind relativ groß (je nach Sorte bis über 400 g), rund bis oval mit einseitiger Bauchnaht. Pfirsiche haben eine samtartige, Nektarinen eine glatte, gelbrote, bei Vollreife abziehbare Haut.

Sortengruppierungen. Bei Pfirsichen unterscheidet man grün-, weiß- und gelbfleischige Sorten. Die weißfleischigen sind meist saftreicher und daher weicher als die gelbfleischigen; die Geschmacksqualität hängt jedoch mehr von Fruchtgröße, Standort, Sorte und Reifegrad als von der Fleischfarbe ab. Abarten wie 'Blutpfirsich' oder der weißfleischige 'Weinbergspfirsich' sind ausgesprochene Liebhabersorten, meist aus Samen vermehrt und unveredelt aufgepflanzt. Pfirsich- und Nektarinen-Steine sind relativ groß und unregelmäßig tief gefurcht. Die Sorten lösen unterschiedlich gut vom Stein. Der Fruchtstiel ist sehr kurz; oft so kurz, daß der Fruchttrieb seitlich von der Frucht überwachsen wird. Bei der Ernte dürfen die Früchte daher nicht abgedreht, sondern müssen abgezogen werden.

Ansprüche. Von allen einheimischen Obstarten stellen Pfirsich und Nektarine die höchsten Ansprüche an die Wärme. Im Holz sind sie noch empfindlicher als Aprikosen; die Blüte hingegen ist wegen des späteren Austriebs etwas weniger gefährdet. Deshalb fühlen sich Pfirsich und Nektarine vornehmlich in den wärmeren (Weinbau-)Gebieten Süddeutschlands wohl. Gartenbesitzer in weniger begünstigten Gegenden können durch geschützte Lagen (z. B. Südwände) das Kleinklima so verändern, daß sie auch noch in Norddeutschland oder in Höhenlagen bis 400 m wachsen. Allerdings sollte man dann nicht die anspruchsvollsten Sorten wählen. Leichter Boden mit steinigem Untergrund ist gut geeignet. Unbrauchbar sind staunasse Böden. Auch hoher Kalkgehalt im Boden wird nur schlecht vertragen.

Kultur am Spalier. Für Pfirsichspaliere gilt ähnliches wie für die Aprikosen. Die Fächerform garantiert ein hohes Lebensalter der Bäume; im Freistand dagegen läßt der Ertrag sowohl beim Pfirsich als auch bei der Aprikose relativ schnell nach.

▽ ***Prunus persica***

▷ ***Prunus persica* am Spalier**

Pyrus communis. Dieses streng formal gezogene Birnenspalier erfordert eine regelmäßige Pflege. Ihren Höhepunkt erreichte diese Zuchtform im letzten Jahrhundert.

Pyrus communis am Haus. Der Birnbaum an diesem Fachwerkhaus wächst an einem vor die Wand gesetzten Holzspalier entlang. Eine Variante hierzu ist das traditionelle bäuerliche Birnenspalier, eine frei wachsende Form. Die Zweige werden dabei je nach Wachstum und Bedarf gelenkt.

PYRUS COMMUNIS

Birne

Standort: nasse und kalte Böden ungeeignet; sonst gute Anpassungsfähigkeit. Empfindlich gegen strenge Winterkälte und Spätfrost.
Höhe: 2,5–13 m
Blüte: Ende April; nicht selbstfruchtbar
Vermehrung: Veredelung auf vegetativ vermehrter Quittenunterlage und Birnensämling

Die Birne gehört zur Familie der Rosengewächse *(Rosaceae)*. Frühe Formen sind in China nachgewiesen und haben sich nach allen Richtungen ausgebreitet. Es bildeten sich zunächst 20–30 Wildarten, von denen mind. vier Erbgut in die Kulturbirne eingebracht haben.

Allgemeine Merkmale. Der Wuchs hat die Form einer stumpfen Pyramide und ist bei Tafelbirnen meist mittelstark. Die Quittenunterlage bremst die Wuchsstärke der Birne im Verhältnis zum Sämling geringer, als dies beim Apfel zu schwach- und starkwachsenden Unterlagen der Fall ist. Die Triebe wachsen steil oder schlendernd und variieren nach Dicke, Länge und Farbe. Die Blätter wechseln Gestalt und Größe sowie Farbe von sattem Grün bis Graugrün. Obwohl die Birne wärmeliebend ist, können Blätter einiger Sorten bei großer Hitze schlagartig bis zu einem den Ertrag mindernden Umfang »verbrennen«. Im Herbst fällt das Laub nach teilweise schöner Färbung relativ früh.
Eine Unterscheidung zwischen Blatt- und Blütenknospen fällt in der Vorblütezeit leicht. Die spitzen Blattknospen sind noch von den schützenden Knospenschuppen umgeben, wenn die dicken, runden Blütenknospen schon gelblich zwischen diesen hindurchscheinen. Die Blüte ist weiß, riecht unangenehm und wird nur in seltenen Jahren von der Honigbiene gern aufgesucht.
Birnen sind nicht selbstfruchtbar und daher auf Fremdbefruchtung angewiesen. Ohne diese können sich auch sogenannte Jungfernfrüchte entwickeln, die meist keine normale, sondern mehr walzenförmige Gestalt haben. Der Birnenansatz bleibt meist hinter demjenigen von Äpfeln zurück. Gründe hierfür sind die frühe Blüte, gefährdet durch Frost oder schlechtes Wetter, die kurze Blühdauer und das geringe Interesse der Honigbiene. Hohe Wärme ist für guten Fruchtansatz günstig. Nach der Blüte werden unbefruchtete Blüten, aber fast keine kleinen Früchtchen abgeworfen, da sich die Samenanlagen zunächst auch ohne Befruchtung weiterentwickeln. Bis zum Junifall stehen oft mehrere Früchte an einer Ansatzstelle nebeneinander, täuschen guten Ansatz vor, fallen dann aber in weit stärkerem Umfang als beim Apfel ab. Gute Ernährung und warmes Wetter mindern den Junifall; bei nur kümmerlich wachsenden Birnen ist er verstärkt. Die Entwicklung bis zur endgültigen Größe hängt von den Wachstumsbedingungen und der Behangstärke ab. Ausgewachsene Früchte variieren in Form und Größe erheblich; ausgeprägte Birnenform ist gar nicht so häufig. Bei den Farben herrscht Grün vor, das sich bei Frühsorten ins Gelbliche verändert, bei späteren

▽ ***Pyrus communis***

▷ ***Pyrus communis* am Haus**

***Pyrus communis* als Sichtschutz. Die Verwendung dieses Birnenspaliers ist nicht gerade alltäglich. Die Nachahmung sei aber nur bei nicht zu stark befahrenen Straßen empfohlen, denn sonst sind die Früchte nicht mehr genießbar.**

***Pyrus communis* 'Vereinsdechant' ist die Birnensorte, die dieses Fenster wunderschön einrahmt. Ein wohlproportioniertes Rankgerüst gibt dem Baum den entsprechenden Halt.**

Sorten nur aufhellt und insgesamt recht selten rötliche Deckfarbe aufweist.

Standortansprüche. Der Boden soll gut durchlüftet und warm sein. Birnen auf Quitten reagieren auf kalkreiche Böden mit Chlorose, wogegen die Sämlingsunterlage unempfindlich ist. Ihr genügt auch etwas geringere Bodenfeuchte. Die Ansprüche an die Temperatur sind hoch. Qualitätsmängel als Folge feuchtkühler Witterung, besonders in den zwei letzten Monaten vor der Reife, fallen bei der Sämlings- im Vergleich zur Quittenunterlage deutlicher aus. Birnen sind empfindlich gegen strenge Winterkälte. Mit aus diesem Grund ist die Bestandssicherheit von Birnenbäumen deutlich geringer als beim Apfel. Die große Empfindlichkeit gegenüber Blütenfrösten ist auf die frühe Blüte zurückzuführen. Fruchtqualität und Bestandssicherheit können durch Spaliererziehung an Hauswänden deutlich erhöht werden.

Veredelung. Sortenechte Vermehrung ist nur durch Veredelung der Sorte auf eine Unterlage möglich. Verwendet werden Birnensämling und Quitte. Die Sämlingsunterlage ist mit allen Sorten gut verträglich, bewirkt starken Wuchs und ist nach wenigen Jahren standfest. Von den Quittenunterlagen ist EM A trotz gewisser Mängel am besten geeignet. Sie verursacht relativ schwachen Wuchs, frühe Fruchtbarkeit und fördert die Fruchtqualität. Mit manchen Sorten besteht Unverträglichkeit, so daß eine Zwischenveredelung zwischen Quitte und Edelsorte eingeschoben werden muß. Nach einigen Jahren kann eine Birne auf Quittenunterlage oft, aber keineswegs immer, standfest sein. Die Quittenunterlage EM C verleiht zwar einen noch schwächeren Wuchs, fördert die Fruchtbarkeit etwas stärker, ist aber für die meisten Standorte zu empfindlich gegenüber Winterfrösten.

▽ ***Pyrus communis* als Sichtschutz**

Krankheiten und Schädlinge. Vielfach sehr ähnlich wie beim Apfel, treten aber seltener auf. Von Pilzkrankheiten ist es fast nur der Schorf. Dafür ist der meldepflichtige Feuerbrand häufiger und kann in kurzer Zeit große Bäume zum Absterben bringen. Eine Bekämpfungsmöglichkeit gibt es nicht. Nur 'Alexander Lucas' wird als wenig gefährdet angesehen.
Mehlige Birnenblattlaus und Gemeiner Birnenblattsauger können stark schädigen. Früchte, Blätter und Triebe verkrüppeln und werden durch die auf den klebrigen Ausscheidungen siedelnden Schwärzepilze schwarz.

Kultur am Spalier. Im Gegensatz zum Apfel ist die Birne der ideale Spalierbaum. Bevorzugt sollten reichtragende, großfrüchtige, meist spätreifende Sorten verwendet werden, die ohnehin einen größeren Wärmebedarf haben und ansonsten nur im milden Weinbauklima ein gutes Wachstum aufweisen. Die eigentlichen Wintersorten nimmt man für Südost- bis Südwestseiten: frühere Sorten eignen sich noch für die West- und Ostseite des Hauses (s. Tabelle S. 145). Bei der Veredelung muß auf die Wüchsigkeit der Unterlage geachtet werden. Quitten eignen sich für niedrige Spaliere, Wildlinge dagegen für Hochspaliere.

▷ ***Pyrus communis* 'Vereinsdechant'**

EINJÄHRIGE

Auch unter den Kletterpflanzen gibt es einjährige Arten, die auch Sommerblumen genannt werden. Sie ergänzen das Sortiment der ausdauernd wachsenden Kletterpflanzen. Mit den einjährigen Kletterpflanzen können beispielsweise Sichtschutzwände, Pergolen oder Fenster begrünt werden. Dabei bereitet die Kultur in Töpfen, Kübeln oder Schalen keine Schwierigkeit. Wegen des starken Wachstums innerhalb der Vegetationsperiode – immerhin bis zu einer Höhe von 8 m – benötigen sie durchwegs nährstoffreiche Böden. Man gibt daher im Herbst eine organische Grunddüngung und während der Wachstumszeit regelmäßig Flüssigdünger mit dem Gießwasser.
Zur Begrünung von Spalieren, Zäunen und dergleichen verwendet man die hochwüchsigen Arten; die weniger hoch werdenden dagegen eher als Leitelemente in Sommerblumen- bzw. Staudenbeeten. Hierzu muß ein Stab oder ähnliches als Rankhilfe angeboten werden.
Wie alle Sommerblumen bevorzugen auch die einjährigen Kletterpflanzen überwiegend sonnige Lagen. Viele blühen fast den ganzen Sommer über, andere wirken eher mit ihrem Blattschmuck.

***Ipomoea tricolor*, die Prunkwinde, ist eine der schönsten Vertreterinnen der einjährigen Kletterpflanzen. Sie stammt aus den Tropen und bevorzugt bei uns warme, geschützte Lagen.**

***Asarina erubescens*, die Maurandie, ist eine der typischen tropischen Pflanzen, die bei uns einjährig kultiviert werden. Die rosa Blüten schmücken die bis zu 3 m hohe Pflanze bis in den Herbst hinein.**

***Cobaea scandens*, die Glockenrebe, besitzt eine violette Blüte, die anfänglich weiß ist und sich erst mit der Zeit verfärbt. Eine reichhaltige Blüte wird nur in vollsonnigen Standorten erreicht.**

ASARINA BARCLAIANA

Maurandie

Standort: geschützte Lagen, sonnig bis absonnig, normale Gartenböden
Wuchshöhe: 1–2 m
Blütezeit: Juli – September, je nach Art
Vermehrung: durch Aussaat

Die einjährige Kletterpflanze aus der Familie der Rachenblütler *(Scrophulariaceae)* ist in Mexiko beheimatet. Sie hat lang gestielte, herzförmige Blätter. Die Triebe, die bis zu 2 m lang werden können, sind drüsig behaart. Von Juli bis September bilden 5–7 cm lange Röhrenblüten einen herrlichen blauen Blütenflor.

Pflegetips. Die Aussaat erfolgt bereits im März unter Glas, wobei die ideale Keimtemperatur zwischen 18 und 20°C liegt. Nach dem Keimen werden die Sämlinge frühzeitig pikiert und ca. 3–4 Pflanzen zusammen in einen Topf gesetzt. Nach den Eisheiligen kommen die Maurandien dann an ihren endgültigen Platz im Garten. Zur flächigen Begrünung von Mauern oder Zäunen empfiehlt sich ein Pflanzabstand von ca. 40 cm. Wenn man die Triebe rechtzeitig einkürzt, d.h. bei einer Länge um 10 cm, erhält man reich verzweigte, buschige Kletterpflanzen.

▽ ***Asarina erubescens***

COBAEA SCANDENS

Glockenrebe

Standort: nicht zu trockene Gartenböden in sonnigen bis absonnigen Lagen
Höhe: 400 bis 600 cm
Blütezeit: August bis Oktober
Vermehrung: durch Aussaat

Die Glockenrebe aus der Familie der Sperrkrautgewächse *(Polemoniaceae)* ist in Mexiko beheimatet. Sie wächst dort wild als ausdauernder, rankender Halbstrauch, wird jedoch bei uns einjährig kultiviert. Die großen, glockenförmigen, langstieligen, am Anfang reinweißen Blüten verfärben sich ins violette und erscheinen von August bis Oktober. Der Handel bietet aber auch weiß oder rot blühende Sorten an.

Pflegetips. Wichtig für eine rechtzeitige Blüte ist die Aussaat Mitte Februar bis Anfang März unter Glas. Man sät sie von Anfang an in einzelne Töpfe aus und setzt sie erst Ende Mai ins Freiland.
Bevorzugt werden warme, geschützte, sonnige bis absonnige Standorte. Die Pflanzen kommen auch noch im Halbschatten ganz gut zurecht; hier läßt dann aber die Blühwilligkeit nach. Die Ansprüche an den Boden sind gering, nur sollte er nicht zu sehr austrocknen, da die Glockenrebe sehr viel Wasser braucht. Ihr Nährstoffbedarf ist ebenfalls sehr hoch. Es sollte daher wöchentlich gedüngt werden.
Als Rankhilfen eignen sich besonders Drähte, Schnüre und dünne Rankgerüste. Auf Grund der starken und dichten Wüchsigkeit wird die Glockenrebe gerne für Sicht- und Windschutzelemente verwendet.

▽ ***Cobea scandens***

Symbolschlüssel:

- sonnig
- halbschattig
- schattig
- hoher Wasserbedarf
- normaler Wasserbedarf
- geringer Wasserbedarf
- hoher Nährstoffbedarf
- normaler Nährstoffbedarf
- geringer Nährstoffbedarf
- giftig

CUCURBITA PEPO CONVAR. MICROCARPINA

Zierkürbis

Standort: humose, nährstoffreiche Böden in voller Sonne
Höhe: 600–800 cm
Blütezeit: Juli bis September
Vermehrung: durch Aussaat

Der Zierkürbis stammt aus der gleichnamigen Familie der Kürbisgewächse *(Cucurbitaceae)* und wurde im 17. Jahrhundert aus Nordamerika als Nutzpflanze nach Europa gebracht. Die trichterförmigen, gelben Blüten dieser Kletterpflanze erscheinen von Juli bis September. Hieraus entwickeln sich die sehr unterschiedlich geformten und farbenprächtigen Früchte, die sich gut in Trockenblumengestecken verwenden lassen. Die herzförmigen Blätter sind gelappt und ungefähr 10–20 cm groß.

Pflegetips. Die Zierkürbisse haben einen großen Nährstoffbedarf und müssen daher regelmäßig gedüngt werden. Dabei werden warme und sonnige Lagen bevorzugt. Allerdings muß bei Trockenheit reichlich gewässert werden. Man verwendet die starkwüchsigen Kletterer gerne zum Beranken von Lauben, Pergolen und Wandflächen. Sie brauchen stabile Rankhilfen.

Vermehrung. Zur Vermehrung sät man entweder ab Mitte Mai direkt an Ort und Stelle oder man kultiviert ab Ende März unter Glas vor. Die Anzuchttemperatur sollte zwischen 10 und 15°C liegen. Nach den Eisheiligen kann dann ins Freiland ausgepflanzt werden. Als Pflanzabstand haben sich ca. 60 cm bewährt.

▽ ***Cucurbita pepo*** **convar.** ***microcarpina***

DOLICHOS LABLAB

Helmbohne

Standort: normale Böden in voller Sonne
Höhe: 300–400 cm
Blütezeit: August bis September
Vermehrung: durch Aussaat

Die Helmbohne gehört zur Familie der Schmetterlingsblütler *(Fabaceae)* und ist in den tropischen Gebieten Afrikas beheimatet. Die Pflanzen erreichen eine Höhe von bis zu 400 cm und besitzen dreigeteilte Blätter, die den Gartenbohnen ähneln. Die auffälligen, violetten Blüten zeigen sich im August und September. Sie sitzen in lockeren Trauben und reifen später zu glänzenden, violett schimmernden Hülsenfrüchten. Die Helmbohne wird daher in ihrer Heimat auch als Nutzpflanze angebaut. Neben der Art bietet der Handel auch noch die weiß blühende Sorte 'Alba' an.

Vermehrung. Im März wird unter Glas ausgesät. Hierzu werden 2–3 der flachen, braunen Samenkörner pro Topf ausgelegt und erst Anfang Juni ins Freiland gesetzt. Dabei muß besonderer Wert auf einen geschützten Standort gelegt werden. Nur in warmen Sommern ist ihr Wachstum zufriedenstellend.

▽ ***Dolichos lablab***

Cucurbita pepo **convar.** ***microcarpina*****, der Zierkürbis, besitzt recht unterschiedlich geformte Früchte: von eirund bis flaschenförmig. Die Blütenfarbe ist gelb. Im Vergleich zu den großen Gartenkürbissen wirken die Früchte des Zierkürbis wie Miniatur-Ausgaben.**

Dolichos lablab**, die Helmbohne, eignet sich sehr gut als Sichtschutz an Zäunen und Drähten. In ihrer afrikanischen Heimat wird sie als Nutzpflanze angebaut.**

***Eccremocarpus scaber*, die Schönranke, ist in ihrer südafrikanischen Heimat ein immergrüner, halbstrauchiger Ranker. Die bei uns einjährig gezogene Pflanze besitzt nicht nur die in der Abbildung sichtbaren orangen Blüten, sondern später auch geflügelte Früchte.**

***Humulus scandens*, der Japanhopfen, entwickelt sich innerhalb kürzester Zeit zu einer stattlichen Pflanze und kann bis zu 6 m hoch werden. Zur vollen Entfaltung benötigt der Japanhopfen sonnenreiche Standorte. Im Gegensatz zu der unten rechts abgebildeten Art besitzt die Sorte 'Variegatus' (ganzseitige Abbildung) unregelmäßig weiß gefleckte Blätter.**

ECCREMOCARPUS SCABER

Schönranke

Standort: normale Böden mit voller Sonne
Wuchshöhe: 2,5–4 m
Blütezeit: Juli – September
Vermehrung: durch Aussaat

Die Schönranke stammt aus dem südlichen Afrika und gehört zur Familie der Trompetenbaumgewächse *(Bignoniaceae)*. Die orangeroten Blüten sitzen in langgestielten Trauben und erscheinen von Juli bis September. Die Blätter sind doppelt gefiedert und an ihren Enden zu Ranken umgebildet. Der raschwüchsige Kletterer kann in einem Jahr bis zu 4 m hoch werden.

Kultur- und Pflegetips. Besonders geeignet für südliche Mauerseiten oder an Rankgerüste. Als Kübelpflanze ist die Schönranke auch für Balkone und Dachgärten geeignet. Wichtig ist, daß Pflanzgefäße nicht zu klein gewählt und ausreichend Nährstoffe zugeführt werden.

Vermehrung. Am besten sät man im März unter Glas aus. Da die Pflänzchen sehr kälteempfindlich sind, sollte man sie erst nach den Eisheiligen ins Freie setzen. Zur Anzucht eignet sich, da Staunässe vermieden werden sollte, sandiges, leichtes Substrat.

HUMULUS SCANDENS

Japanhopfen

Standort: Böden mit mittlerem Nährstoffgehalt und Bodenfeuchte in voller Sonne
Wuchshöhe: bis 6 m
Blütezeit: im August, aber unscheinbar
Vermehrung: durch Aussaat unter Glas

Der Japan-Hopfen ist mit unserem heimischen Hopfen *(Humulus lupulus)* verwandt, der als mehrjährige Kletterpflanze im Garten verwendet werden kann (s. S. 42). Unseren heimischen Hopfen findet man natürlicherweise in Auwäldern, Feuchtgebüschen und an Bachufern; seine wirtschaftliche Bedeutung ergibt sich aus seiner Verwendung als Aromastoff und Konservierungsstoff für Bier.

Allgemeine Merkmale. Wie *Humulus lupulus* gehört auch *Humulus scandens* zur Familie der Maulbeergewächse *(Moraceae)*; er stammt jedoch ursprünglich – wie der deutsche Name es schon sagt – aus Japan. Die Pflanzen sind zweihäusig, d. h., es gibt Exemplare mit ausschließlich weiblichen und solche allein mit männlichen Blüten. Wie beim heimischen Hopfen sind diese jedoch unscheinbar und haben keine gärtnerische Bedeutung. Der Japan-Hopfen besticht vielmehr durch seinen Wuchs und sein dichtes Blattwerk, das bis zu 6 m hohe, grüne Wände bildet. Die Pflanzen sind keine Selbstklimmer, da sie keine Haftorgane haben, und benötigen deshalb Rankhilfen. Gut verwenden läßt sich der Japan-Hopfen vor allem als Sichtschutz und zur Begrünung alter Baumstämme. Wächst auch auf Nordseiten oder in halbschattigen Lagen zufriedenstellend.

Pflegetips. Mit der Aussaat beginnt man bereits ab Anfang März unter Glas. Hierzu gibt man 2–3 Samen in einen mittelgroßen Topf. Die Keimlinge werden einige Wochen später in größere Töpfe vereinzelt. Nachdem die Pflanzen langsam abgehärtet wurden, kann man sie ab Mitte Mai an ihren endgültigen Standort im Freiland setzen. Bei der Anzucht sollte man daran denken, bereits Stäbe als Rankhilfen anzubieten. Auch dürfen die einzelnen Töpfe nicht zu dicht beieinanderstehen, da sonst die Gefahr besteht, daß sie ineinanderwachsen und später nur mühsam wieder getrennt werden können.

Sortenempfehlung. Besonders reizvoll ist die Sorte 'Variegatus' mit weißbunten Blättern; sie zeichnet sich durch besonders starken Wuchs aus. Allerdings neigt diese Sorte bei zu fetten Böden oder auch zuviel Bodenfeuchte zum Vergrünen; die Blätter verlieren dann ihre charakteristische Färbung.

▽ ***Eccremocarpus scaber***

▽ ***Humulus scandens***

▷ ***Humulus scandens* 'Variegatus'**

***Ipomoea purpurea*, die Prunkwinde, besitzt als charakteristische Merkmale herzförmig zugespitzte, behaarte Blätter und glockig, trichterförmige Blüten. Auf der Abbildung sind zwischen den Prunkwinden-Blüten die kleineren, leuchtend karminroten Blüten und feingliedrigen Blätter der Sternwinde *(Quamoclit vulgaris)*. Vgl. auch S. 98.**

***Ipomoea hederacea*, eine verwandte Art, hat im Gegensatz zur Prunkwinde dreilappige Blätter und Blüten in Rot, Lila, Rosa oder Blau.**

***Ipomoea horsfalliae* ist starkwüchsiger, aber auch empfindlicher als seine Verwandten. Die tiefrosa oder violettroten Blüten sind langgestreckt trichterförmig.**

IPOMOEA PURPUREA

Prunkwinde

Standort: warme, sonnige, geschützte Plätze; nährstoffreiche Böden
Wuchshöhe: bis 3 m
Blütezeit: Juli – September
Vermehrung: durch Aussaat

Ipomoea purpurea (syn. *Pharbitis purpurea*), die aus den Tropen stammende Prunkwinde aus der Familie der Windengewächse *(Convolvulaceae)*, zählt zu den beliebtesten einjährigen Kletterpflanzen unserer Gärten. Die glockentrichterförmigen Blüten erfreuen den Gartenbesitzer von Juli bis September. Eine Besonderheit ist dabei, daß sich die Blüten jeden Tag um die Mittagszeit schließen. Im Handel werden rote, blaue und weiße Sorten angeboten. Die Pflanzen erreichen eine Höhe bis 3 m. Die Triebe verästeln sich am Grunde. Charakteristisch für die Prunkwinde sind die herzförmig zugespitzten, leicht behaarten Blätter.

Pflegetips. Die Prunkwinde bevorzugt besonnte, warme, geschützte Plätze. Man verwendet sie zum Beranken von Pergolen, Zäunen, Mauern oder alten Bäumen. Die Pflanzen sollten während der Vegetationsperiode regelmäßig gedüngt werden. Dies fördert eine langanhaltende Blüte. Außerdem muß bei Trokkenheit für reichlich Feuchtigkeit gesorgt werden. Aufgrund ihrer tropischen Herkunft kann sich die Prunkwinde in kühlen, nassen Sommern nicht optimal entwickeln.

Vermehrung. Zur Vermehrung sät man im Kalthaus oder an der Fensterbank im März–April aus. Keimlinge benötigen Wärme und Feuchtigkeit. Man sollte immer daran denken, daß die Gattung *Ipomoea* aus den Tropen stammt. Die Jungpflanzen können ab Mitte Mai ins Freiland gesetzt werden.

Weitere Arten. Im Handel werden neben der Prunkwinde noch die Kaiserwinde *(Ipomoea nil)* und die Trichterwinde *(Ipomoea tricolor)* angeboten. Beide Arten haben wunderschöne Blüten, sind aber in der Anzucht und Kultivierung empfindlicher. Seltener zu finden ist *I. horsfalliae*.

▽ *Ipomoea purpurea*

▽ *Ipomoea hederacea*

▽ *Ipomoea horsfalliae*

LAGENARIA SICERARIA

Flaschenkürbis, Flaschenfrucht, Kalebasse

Standort: warme, sonnige Lagen; humus- und nährstoffreiche Böden
Wuchshöhe: bis 5 m
Vermehrung: durch Samen

Der Flaschenkürbis, ein Vertreter der Kürbisgewächse *(Cucurbitaceae)* stammt vermutlich aus dem tropischen Afrika und ist heute weltweit verbreitet. Der älteste Lagenaria-Fund stammt von Ausgrabungen in Mexiko (7000 v. Chr.). Der einjährige Flaschenkürbis ist wärmeliebend, nährstoffbedürftig und starkwüchsig. Er blüht weiß.

Pflegetips. Ab Mitte Mai kann man direkt säen, in kühleren Gebieten ab Mitte April in Töpfen vorkultivieren und nach den Eisheiligen die Jungpflanzen ins Freiland setzen. Sie müssen am Spalier gezogen werden. In südlichen Ländern bedecken Flaschenkürbisse oft Pergolen und Lauben. Auf Grund des Gewichts der Früchte ist besonders auf die Stabilität der Rankhilfen zu achten. Die großen herzförmigen Blätter bieten außerdem einen hervorragenden Sichtschutz.

Verwertung. Die Früchte sind hellgrün bis weiß, vielfältig in Form und Größe. Als Gemüse werden die noch sehr kleinen, unreifen Früchte verzehrt, wenn sie bitterfrei sind. Reife Früchte haben nach dem Trocknen eine sehr harte, wasserundurchlässige Schale. Man verwendet sie als Flaschen, Krüge oder Schüsseln. Bekannt ist das daraus in Indien hergestellte Musikinstrument, der Sitar.

Sortenempfehlungen. 'Clavata', 'Herkuleskeule' oder 'Rotunda'.

▷ ***Lagenaria siceraria***

***Lagenaria siceraria*, der Flaschenkürbis, ist einhäusig und hat glockige, weiße Blüten. Die männlichen Blüten sind langgestielt, die weiblichen kürzer. Der Handel bietet Sorten mit unterschiedlichen Fruchtformen an, wie etwa 'Clavata' (Herkuleskeule) oder 'Rotunda' (Kanonenkugel).**

***Lathyrus odoratus*, Wohlriechende Wicke – Sortenübersicht.**
'Selana': starkwüchsig; große, weiße bis rosagetönte Blüten; Höhe: 2 m.
'Lady Diana': mäßigwüchsig; blaßviolettblaue Blüten; Höhe: 2 m.
'Xenia Field': mittelstarkwüchsig; große, rosa und cremefarbene Blüten; Höhe: bis 2 m.
'Bijou': raschwüchsig; große, rosa, rote oder blaue Blüten; Höhe und Breite: 45 cm.
'Red Ensign': starkwüchsig; große, süßduftende, scharlachrote Blüten. Höhe: 2 m.
'Knee Hi': raschwüchsig; große Blüten in Schattierungen von Rosa, Rot, Blau, Weiß; Höhe und Breite: 90 cm.

LATHYRUS ODORATUS

Wohlriechende Wicke

Standort: volle Sonne; nährstoffreiche, humose Böden
Wuchshöhe: 25–200 cm
Blütezeit: (Mai) Juni – September
Vermehrung: durch Aussaat

Die Wohlriechende Wicke ist eine seit langem beliebte Gartenpflanze. Der ursprünglich aus Süditalien bzw. Sizilien stammende Schmetterlingsblütler *(Fabaceae)* war schon Ende des 17. Jahrhunderts auch nördlich der Alpen in Kultur.

Allgemeine Merkmale. Neben den angenehm duftenden Blüten, deren Farbenspektrum je nach Sorte von Weiß über Gelb, Rosa und Rot bis Violett reicht, sind die kantig geflügelten Stengel charakteristisch für die Wohlriechende Wicke. Mit Hilfe ihrer Ranken erreichen die Pflanzen eine Höhe bis 2 m. Sie eignen sich daher hervorragend zur Begrünung von Mauern, Zäunen oder Spalieren. Auch in Kübeln kann man sie verwenden.

Pflegetips. Wichtig für üppiges Wachstum und langen Blütenflor sind nährstoffreiche, bereits im Vorjahr gedüngte, humose Böden an geschützten, sonnigen Plätzen. Die Blüten dürfen dabei nicht zum Fruchten kommen, weil dadurch die nachfolgende Blüte gefährdet ist. Wer ganz sicher gehen will, sät zeitlich versetzt aus und kann dadurch die Blütezeit von Mai bis September verlängern. Die Aussaat beginnt Ende März/Anfang April ins Freiland. Der Abstand liegt bei ca. 30 cm. Wenn die Jungpflanzen eine Höhe von ca. 20 cm erreicht haben, werden sie 10 cm hoch angehäufelt. Die Nachsaaten erfolgen dann Ende April/Anfang Mai und Ende Mai. Bei der Standortwahl sollte bedacht werden, daß man Wicken nicht zu häufig hintereinander am selben Platz säen darf. Die Wicken lassen sich auch gut als Schnittblumen verwenden.

Sortenempfehlungen. Das relativ unübersichtliche Sortiment wird am besten nach Wuchshöhengruppen eingeteilt: 'Cuthertson Floribunda' – frühblühend, 'Royal' – besonders langblühend, Sorten in Farbmischungen bzw. Einzelfarben. 'Knee Hi' – frühblühend, Sorten in Farbmischungen. 'Little Sweatheart', 'Bijou', 'Cupido', Sorten in Farbmischungen.

▽ **'Selana'**

▽ **'Lady Diana'**

▽ **'Xenia Field'**

▽ **'Bijou'**

▽ **'Red Ensign'**

▽ **'Knee Hi'**

PHASEOLUS COCCINEUS

Feuerbohne, Prunkbohne

Standort: volle Sonne; nährstoffreiche, humose Böden
Wuchshöhe: bis 4 m
Blütezeit: Juni – September
Vermehrung: durch Aussaat

Die Feuerbohne stammt wie alle Bohnen aus Mittelamerika und gehört zur Familie der Schmetterlingsblütler *(Fabaceae)*.

Allgemeine Merkmale. Als einjährige Kletterpflanze erreicht die Feuerbohne innerhalb weniger Wochen eine Höhe bis 4 m und bieten somit einen willkommenen Sichtschutz. Als Rankhilfen eignen sich Drähte, Schnüre oder Stangen. Man kann Prunkbohnen auch an Bäumen oder Pergolen hochwachsen lassen. Sie haben windende Stengel, dichtes Laubwerk und weiße bzw. scharlachrote Blütentrauben, die in der Zeit von Juni bis September erscheinen. Die Bohnen mit ihren relativ rauhen und derben Hülsen sind geschmacklich sehr gut, wenn sie früh genug geerntet werden. Die Bohnen eignen sich gut zum Einmachen und Einlegen, lassen sich aber auch ebenso problemlos trocknen und behalten dabei ihren Geschmack.

Pflegetips. Im Gegensatz zu den kälte- und hitzeempfindlichen Stangenbohnen sind Feuerbohnen relativ anspruchslos und bieten sich bei ungünstigeren Bedingungen und rauhem Klima an. Sie keimen leichter und sind widerstandsfähiger gegen Krankheiten und Schädlinge. Die Spätaussaat bringt im Herbst gute Ernte und ist deshalb besonders zu empfehlen. Wem es mehr um die Ernte als um den Zierwert der Feuerbohne geht, der sollte die Stangen im Abstand von 80 x 110 cm aufstellen, da die Pflanzen für ihre Entwicklung sehr viel Platz benötigen. Pro Stange werden 4–5 Bohnenkerne ausgelegt. Eine zweite Aussaat Anfang Juni verlängert die Ernte bis in den Herbst hinein. Die Feuerbohne eignet sich übrigens auch zur Bepflanzung von Kübeln oder Balkonkästen.

Vermehrung. Zur Vermehrung der Feuerbohne werden Anfang Mai die Bohnenkerne an Ort und Stelle im Abstand von 25–30 cm ausgelegt und 1–2 cm mit Erde überdeckt. Zur Vermehrung empfiehlt sich die jährliche Neuaussaat.

Sortenempfehlungen. 'Preisgewinner', Blüte scharlachrot mit farbigem Korn, braunmarmorierte Bohnenkerne, guter Ertrag. 'Weiße Riesen', Blüte weiß, Bohnenkerne ebenfalls weiß, guter Ertrag. 'Hammonds Dwarf Scarlet' wird 40 cm hoch. Außerdem 'Butler', 'Desirée', 'Emergo', 'Mergoles' und 'Polestar'.

▽ ***Phaseolus coccineus***

PHASEOLUS LUNATUS

Mondbohne, Limabohne

Standort: warme, sonnige Lagen
Standraum: 50–60 x 8–10 cm
Anbauzeit: Direktsaat ab Mitte Mai
Vermehrung: durch Samen

Auch die schmackhaften Bohnen der aus Zentral- und Südamerika stammenden Mondbohne eignen sich bestens zum Verzehr.

Pflegetips. Besonders die rankenden Sorten lassen sich gut an Schnüren, Stangen oder Rankgerüsten kultivieren. Die Samen enthalten das giftige Glycosid, das durch Kochen zerstört wird. Direktsaat ab Mitte Mai, Samen 1–3 cm tief legen, Reihenabstand etwa 50–60 cm, in der Reihe 8–10 cm. Je nach Sorte Erntebeginn nach 2,5–3 Monaten.

***Phaseolus coccineus*, die Feuerbohne, bietet beides: eßbare, schmackhafte Früchte und einen hohen Zierwart als einjährige Kletterpflanze. Besonders hübsch machen sich die scharlachroten Blüten vor dem dichten Laub.**

Quamoclit coccinea **ist eine Sternwindenart, die bei uns leider nur selten im Handel ist. Im Gegensatz zu der weit verbreiteten Art *Q. lobata* sind ihre schmalen, trichterförmigen Blüten durchgehend scharlachrot. Sie kann bis zu 4 m hoch werden.**

QUAMOCLIT

Sternwinde

Standort: warme, sonnige Lagen; sandighumose, nicht zu feuchte Böden
Wuchshöhe: bis 6 m
Blütezeit: Juli – September
Vermehrung: durch Aussaat

Die Sternwinde gehört zu den Windengewächsen *(Convolvulaceae)*. Beheimatet sind die Arten im tropischen Amerika und Indien. Die orangefarbenen bis roten Blüten erscheinen von Juli bis September. Der Boden sollte nährstoffreich, sandig bis humos, nicht zu feucht und vollsonnig sein.

Kultur- und Pflegetips. Man verwendet die Sternwinde zum Beranken von Spalieren und Pergolen. Dank ihrer beachtlichen Wuchshöhe eignet sie sich als guter Sichtschutz. Man kann sie auch in Kästen oder Kübeln kultivieren. Zur Vermehrung wird ab März unter Glas ausgesät. Die jungen Pflänzchen werden langsam abgehärtet und nach den Eisheiligen ausgepflanzt.

Arten- und Sortenempfehlungen. Die beliebteste Art dürfte wohl die Sternwinde *Quamoclit lobata* sein. Mit ihren bis zu 40 cm langen Blütenständen und den dreilappigen Blättern, die am Grunde herzförmig zusammenlaufen, ist sie leicht von den anderen Sternwinden zu unterscheiden. Anfangs sind ihre Knospen kräftig rot; mit dem Öffnen verfärben sie sich dann über orangerot bis zu gelblich weiß. Erheblich kleinere Blüten, etwa 3 bis 5 cm lang, hat *Quamoclit coccinea*. Sie sind durchwegs scharlachrot. Die Blätter sind herzförmig und langgespitzt. Diese Sternwinde ist ebenso wie *Q. hederifolia* und *Q. vulgaris* nur selten im Handel.

▷ ***Quamoclit coccinea***

THUNBERGIA ALATA

Thunbergie, Schwarzäugige Susanne

Standort: warme, sonnige, möglichst geschützte Lagen, nährstoffreiche Böden
Wuchshöhe: 1 – 1,8 m
Blütezeit: Juni – Oktober
Vermehrung: durch Aussaat

Die Thunbergie gehört botanisch zu den Acanthaceen *(Acanthaceae)*, einer Familie mit tropischer und subtropischer Verbreitung. Die orangenen bis gelben Blüten mit schwarzer Mitte erscheinen den ganzen Sommer über. Dadurch läßt sich die relativ geringe Wuchshöhe für Kletterpflanzen von unter 2 m leicht verschmerzen.

Verwendung. Die Thunbergie ist äußerst vielseitig verwendbar. Man kann sie an Hauswänden, Pergolen, Zäunen oder Stäben hochranken lassen. Ohne Rankhilfen erhält man hängende Pflanzen für Balkonkästen bzw. Ampelpflanzen.

Kultur- und Pflegetips. In ihrer Heimat im tropischen Afrika, Madagaskar und Asien wächst die Thunbergie ausdauernd, während sie bei uns im Freiland nur einjährig kultiviert werden kann – ein Phänomen, das bei vielen Pflanzen tropischer Herkunft verbreitet ist. Die Pflanzen sind einfach nicht an die kalte Jahreszeit bei uns angepaßt. Im Wintergarten bzw. frostfreien Gewächshaus entfallen die negativen Merkmale des Winters und die Pflanzen können einige Jahre am selben Standort alt werden und sich zu prächtigen Exemplaren entwickeln. Freilandpflanzen werden bereits Ende Februar/Anfang März in flache Schalen in Innenräumen unter Glas ausgesät. Die Keimtemperatur sollte um 19°C liegen. Den Sämlingen muß nach dem Vereinzeln frühzeitig eine Rankhilfe gegeben werden, damit sie nicht zusammenwachsen. Nach den Eisheiligen wird dann ins Freiland gepflanzt. Die Thunbergie bevorzugt warme und geschützte Lagen, die in der vollen Sonne liegen. Die Böden sollten nährstoffreich und durchlässig sein. Zudem ist regelmäßiges Düngen notwendig, um die Wuchsstärke sowie eine entsprechende Blühwilligkeit zu erhalten. Alle zwei Wochen eine Flüssigdüngergabe mit Gießwasser zu verabreichen ist dabei sinnvoller als mehrere kleine Düngergaben. Ähnliches gilt für das Wässern, wobei zu reichliches Wässern und Staunässe vermieden werden sollten. Auf kühle und regenreiche Sommer reagiert die Thunbergie äußerst empfindlich. Die Blühwilligkeit läßt sehr stark nach und die Pflanzen sind anfällig für Krankheiten und Schädlinge. Hier hat es sich bewährt, die Pflanzen stark zurückzuschneiden. Dadurch wird die Wuchsstärke sowie die Verzweigung angeregt und die Pflanzen werden insgesamt widerstandsfähiger.

Thunbergia gregorii mit orangefarbener Blüte ohne schwarzem Mittelfleck wird ähnlich wie *T. alata* verwendet.

Sortenübersicht der Thunbergie	
'Alba'	weiß mit dunkler Mitte
'Aurantiaca'	orange mit schwarzroter Mitte
'Bakeri'	reinweiß
'Julietta'	orange, großblumig
'Lutea'	reingelb

▽ ***Thunbergia alata***

***Thunbergia alata*, die Schwarzäugige Susanne, verdankt ihren Namen dem schwarzen Mittelfleck in den kleinen, rundlichen, orangegelben Blüten.**

***Tropaeolum majus*, die Kapuzinerkresse, ist relativ anspruchslos und kommt auch noch im Halbschatten einigermaßen zurecht, wenn die Blühwilligkeit hier auch abnimmt. Die Samen werden im Mai einfach breitwürfig an Ort und Stelle ausgebracht. Auch im Kübel oder Kasten kann die Kapuzinerkresse gut gezogen werden. Weniger bekannt ist, daß aus den Blättern – die auf der ganzseitigen Abbildung besonders gut erkennbar sind – ein schmackhafter Salat zubereitet werden kann, der sehr reich an Vitamin C ist.**

TROPAEOLUM MAJUS

Große Kapuzinerkresse, Salatblume

Standort: nicht zu fetter, lockerer, ausreichend feuchter Boden; sonnig und geschützt
Wuchshöhe: 30 cm und rankend
Blütezeit: von Mai bis zum Spätherbst
Vermehrung: Aussaat

Die Große Kapuzinerkresse, die zur Familie der Kapuzinerkressegewächse *(Tropaeolaceae)* gehört, stammt aus Peru. Als Ziergewächs wurde sie von den spanischen Eroberern mit nach Europa gebracht. Sie wird zum Beranken von Balkonkästen oder im Garten zum Verkleiden von Zäunen und Mauern und zur Einfassung von Beeten verwendet.

▽ ***Tropaeolum majus***

Allgemeine Merkmale. Sehr auffällig im Wuchs der Großen Kapuzinerkresse ist der exzentrische Ansatz der schildförmigen Blätter an langen, fleischigen Stengeln. Das Blatt ist ganzrandig und hat 5–10 nur angedeutete Ecken. Stengel und Blätter sind glatt. Die Blattoberfläche ist sattgrün und wachsartig überzogen, die Unterseite zartgrün. Die Farbskala der zarten Blüten reicht von Gelb über Orange bis samtiges Rot. An der Basis ist meist ein purpurroter Fleck zu sehen. Die reife Frucht zerfällt in zwei bis drei Einzelfrüchte. Triebe bzw. Ranken samt Knospen und Blüten sind nicht nur schön, sie lassen sich zu einem köstlichen Salat anrichten. Knospen und halbreife Früchte können wie Kapern in Essig oder Öl eingelegt werden. Im Garten sollte man der Kapuzinerkresse einen Platz mit nicht zu nahrhaftem Boden geben, da sich sonst mehr Blätter als Blüten entwikkeln. Auch ist sie in der Sonne blühwilliger als im Schatten. Sie ist zwar frostempfindlich, doch nach milden Wintern kommt es vor, daß durch Laub geschützte Samen im späten Frühjahr plötzlich keimen.

Tropaeolum peregrinum. Die nahe Verwandte der Großen Kapuzinerkresse ist weniger verbreitet. Die Wuchshöhe beträgt bis 4 m. Ab Juli erscheinen den ganzen Sommer über die kanariengelben, gefransten Blüten. Die Blätter sind kleiner als bei *T. majus* und gelappt.

Kultur- und Pflegetips. Ähnlich wie andere einjährige Kletterpflanzen verwendet man diese Kapuzinerkresse aufgrund ihrer starken Wüchsigkeit gern zum Beranken von Sichtschutzelementen oder alten Bäumen. Nur an warmen, geschützten, voll sonnigen Standorten entfaltet sie ihre ganze Schönheit. Der Boden sollte bereits im Herbst ausreichend vorgedüngt werden. Während der Vegetationsperiode wird regelmäßig dem Gießwasser Flüssigdünger zugesetzt. Bei Trockenheit muß gut gewässert werden.

Vermehrung. Zur Vermehrung wird im März ausgesät. Bei *T. peregrinum* hat sich im Gegensatz zu *T. majus* die Aussaat unter Glas durchgesetzt. Die Pflanzen werden u. a. in Töpfen vorgezogen. Ideale Anzuchttemperaturen liegen um 17°C. Nach langsamem Abhärten wird dann erst Ende Mai an den endgültigen Standort ausgepflanzt.

Sortenübersicht. Es stehen rankende *(Tropaeolum majus)*, kompaktblühende (*T. majus* 'Nanum') sowie gefüllte (*T. majus* 'Nanum Plenum') oder einfachblühende Sorten zur Auswahl.

▷ ***Tropaeolum majus***

Hierbei handelt es sich durchwegs um Pflanzen, deren heimisches Klima mehr oder weniger stark von unserem mitteleuropäischen Klima abweicht. Besonders in den langen, kalten Wintermonaten brauchen diese Kletterpflanzen einen besonderen Schutz. Den kann man ihnen in der Regel in den Wohnräumen oder im Wintergarten bzw. Gewächshaus geben. Während des Sommerhalbjahres eignen sich durchaus die meisten von ihnen für eine Verwendung auf der Terrasse.

Das ständige Umziehen von drinnen nach draußen und umgekehrt bereitet den Kletterpflanzen zum Teil allerdings erhebliche Schwierigkeiten. Nicht nur der Topf oder Kübel muß bewegt werden, auch die entsprechende Rankhilfe muß mobil sein. Höherwachsende Kletterpflanzen, wie etwa die Bougainvillea, können sich daher auf die Dauer nur an einem Platz voll entfalten, wo sie das ganze Jahr über stehen bleiben können. Ideal ist das Gewächshaus oder der Wintergarten.

Aber auch nur für die Wohnräume gibt es sehr schöne Kletterpflanzen, wie etwa die Kletterfeige *(Ficus pumila)* oder den Philodendron.

Auch im Haus gibt es genügend Möglichkeiten für Kletterpflanzen. Spaliere als Raumteiler, wie hier mit *Thunbergia grandiflora*, verbreiten eine besondere Atmosphäre.

***Allamanda cathartica* var. *hendersonii* hat im Gegensatz zur helleren Varietät *grandiflora* leuchtendgelbe Blüten, die bis zum Winter immer neu erscheinen. Die Mindesttempreatur für die Pflanze beträgt 13–15 °C.**

***Asparagus*, der Zierspargel, bildet bis zu 2 m lange Triebe aus und eignet sich besonders für halbschattige Bereiche. Im Winter muß man besonders darauf achten, daß er nicht zu warm steht.**

Symbolschlüssel:

- sonnig
- halbschattig
- schattig
- hoher Wasserbedarf
- normaler Wasserbedarf
- geringer Wasserbedarf
- hoher Nährstoffbedarf
- normaler Nährstoffbedarf
- geringer Nährstoffbedarf
- giftig

ALLAMANDA CATHARTICA

Dschungelglocke, Goldtrompete

Standort: sehr hell, aber vor greller Sonne geschützt
Wuchshöhe: bis 2 m lange Triebe
Blütezeit: von Mai bis November
Vermehrung: durch Stecklinge

In den brasilianischen Regenwäldern wächst die Dschungelglocke als Schlingpflanze. Wenn man sie hier bei uns kultivieren will, läßt man sie am besten als Zimmerpflanze am Spalier wachsen. Die gelben Blüten halten nicht lange, aber bis zum Winter erscheinen immer wieder neue.

Verwendung. Als Zimmerpflanze wird bei uns nur eine Art gehalten: *Allamanda cathartica*, allerdings mit zwei Varietäten: var. *grandiflora* blüht zitronengelb, var. *hendersonii* eher orangefarben.

Pflegetips. Viel Helligkeit, Wärme sowie hohe Luftfeuchtigkeit sind während der Blütezeit wichtig. Im Winter etwas kühler stellen, bei etwa 18°C, aber immer noch hell. Während der Wachstumszeit von April bis November reichlich, im Winter etwas weniger gießen und nicht düngen. Häufig sprühen! Nur lauwarmes, entkalktes Wasser verwenden.

▽ ***Allamanda cathartica* var. *hendersonii***

ASPARAGUS

Zierspargel

Standort: je nach Art halbschattig bis schattig
Wuchshöhe: bis zu 2 m lange Triebe
Blütezeit: manche Arten im Frühjahr
Vermehrung: durch Aussaat und Teilung

Der Zierspargel, der ebenso wie der Gemüsespargel zu den Liliengewächsen *(Liliaceae)* gehört, ist als Zimmerpflanze problemlos: er wächst rasch und ohne großen Pflegeaufwand.

Pflegetips. Halbschatten ist ideal, aber auch leichter Schatten wird vertragen. *A. setaceus* im Winter kühler stellen, die anderen Arten können zur Not im geheizten Zimmer bleiben. Dann aber häufig sprühen. Im Sommer reichlich gießen; es darf gelegentlich auch Wasser im Untersatz stehenbleiben. Pflanzen alle zwei Wochen tauchen. Im Winter etwas weniger gießen. Von März bis September alle zwei Wochen düngen, in den übrigen Monaten einmal im Monat. Bei zu trockener Luft und bei Ballentrockenheit rieseln die Blättchen. Bei zuviel Wärme treten Spinnmilben und Blattläuse auf.

Arten und Sorten. Vom Zierspargel gibt es aufrechtwachsende, hängende und kletternde Sorten (die aber angebunden werden müssen), solche mit nadelfeinen und gröberen Blättchen. Als Zimmerpflanzen werden vor allem kultiviert: *A. densiflorus* mit den Sorten 'Sprengeri' (als Schnittgrün bekannt). 'Meyeri' (mit buschigen, schwanzförmigen Wedeln) und 'Myriocladus' (mit kugelförmigen Blättchengruppen) und *A. falcatus* mit schlingenden Trieben und größeren, länglichen Blättchen.

▷ ***Asparagus***

***Bougainvillea glabra* 'Variegata' zeigt die für diese Pflanze typischen leuchtend purpurfarbenen Blüten. Die Blätter dieser Sorte sind hell gerandet.**

***Bougainvillea* 'Miss Manila' ist eine Kulturform mit dichten, rosafarbenen Blütenbüscheln, die während des ganzen Sommers erscheinen. Unter entsprechenden Bedingungen kann die Pflanze bis zu 5 m hoch werden.**

***Bougainvillea glabra* 'Snow White' nimmt eine Ausnahmestellung ein: die starkwüchsige Sorte besitzt weiße Blütendolden mit grüngeaderten Hochblättern.**

BOUGAINVILLEA

Bougainvillea, Drillingsblume

Standort: sonnig
Wuchshöhe: bis zu 5 m lange Triebe
Blütezeit: April – Juni
Vermehrung: durch Stecklinge

Eine blühende Bougainvillea auf der Fensterbank oder Terrasse ist so etwas wie ein »farbenprächtiges Wunder« – schließlich gehört sie auch zur Familie der Wunderblumengewächse *(Nyctaginaceae)*. Um diese Blütenpracht zu erreichen, ist nicht nur beste Pflege, sondern auch viel Sonne erforderlich.

▽ ***Bougainvillea glabra* 'Variegata'**

Allgemeine Merkmale. Die Pflanze mit oval zugespitzten, glänzendgrünen Blättchen bekommt meterlange Ranken. Von allein halten kann sie sich nicht; am besten bindet man die Triebe an einen Rundbogen oder ein Spalier. Die auffallenden Blüten sind gefärbte Hochblätter, in deren Mitte die kleinen Blüten sitzen. Die schönen Hochblätter sind empfindlich, deshalb die Pflanze während der Blütezeit nur wenig berühren und nicht drehen.

Pflegetips. Im Sommer an den wärmsten, sonnigsten Platz stellen, im Freien wind- und regengeschützt. Im Winter kühl stellen, unter 10°C. In dieser Zeit fällt ein großer Teil der Blätter ab. Im Sommer reichlich, im Winter nur sehr wenig gießen. Bei hohen Temperaturen häufig sprühen, zwischen April und August wöchentlich düngen. Im Herbst, spätestens vor dem Neuaustrieb im Februar, alle Triebe kräftig zurückschneiden. Jüngere Pflanzen in jedem Frühjahr, ältere alle zwei Jahre in frische Einheitserde setzen; nicht zu große Töpfe verwenden. Die Stecklingsvermehrung ist ziemlich schwierig, da die Bodenwärme dazu ausgesprochen hoch sein muß. Die günstigste Zeit für diese Prozedur ist im Winter, am besten im Januar.

Arten. Am häufigsten verkauft wird *Bougainvillea glabra* mit unzähligen verschiedenen Sorten, mit lilarosa, dunkelvioletten, roten und orangefarbenen Hochblättern. Noch größer und mit sehr langen Ranken wächst *B. spectabilis*, die wirklich gut nur in größeren Wintergärten zu halten ist. Bei idealen Bedingungen können die Pflanzen sogar eine Wuchshöhe bis 7 m erreichen. Die Blätter sind elliptisch bis oval. Die gefärbten Hochblätter erscheinen in Büscheln den ganzen Sommer über in rötlich bis violetten Tönen.
Desweiteren wird *B.* x *buttiana* in verschiedenen Sorten im Handel angeboten. Hierzu gehören 'Mrs. Butt' (hochrot), 'Golden Glow' (orangegelb) und 'Scarlet Queen' (scharlachrot).

Empfehlenswerte Sorten der Bougainvillea

Sorte	Farbe der Hochblätter	Wuchsform u. a. Eigenschaften
'Alexandra'	intensiv purpurviolett	niedrig
'Dania'	pinkfarben	büschelweise zusammen
'Miss Manila'	pinkfarben	–
'Mistress Butt'	scharlachrot	buschige Kletterpflanze mit dornigen Stacheln
'Sanderiana'	tiefviolett	schwach wachsend, viele Blüten
'Snow White'	weiß	–
'Variegata'	purpurfarben	buntes Laub, auch Kletterpflanze

▽ ***Bougainvillea* 'Miss Manila'**

▽ ***B. glabra* 'Snow White'**

CISSUS
Klimme

Standort: halbschattig bis schattig; lehmig-humose Erde
Wuchshöhe: bis zu 3 m
Vermehrung: durch Stecklinge

Zur Gattung *Cissus* gehören rund 350 tropische und subtropische Kletterer sowie sukkulente Arten, von denen einige unter dem Namen *Cyphostemma* zu finden sind. Der Kletterstrauch gehört zur Familie der Weinrebengewächse *(Vitaceae)*. Die für die Zimmerkultur wichtigsten Vertreter kommen aus Südafrika und Australien.

Cissus antarctica, der Australische Wein oder Känguruhwein, ist ein rasch wachsender, immergrüner Strauch mit spitz zulaufenden, grobgesägten Blättern und rötlichen Trieben und Blattstielen. Er klettert mit Haftscheiben. Die Pflanze ist wegen ihrer Anspruchslosigkeit beliebt; sie erträgt geheizte Räume genauso wie kühle Hausflure.

Cissus rhombifolia, Russischer Wein, ist anspruchsvoller und weniger robust. Er hat dreiteilige, langstielige, dunkelgrüne Blätter, deren Unterseiten rötlich behaart sind.
Fürs Gewächshaus geeignet sind *C. discolor* und *C. amazonica*.

Pflegetips. Die Klimme verlangt einen hellen bis halbschattigen Standort ohne Sonne und wünscht sich ganzjährig Zimmertemperatur. Im Sommer etwas mehr, im Winter nur mäßig gießen. Von Frühjahr bis Mitte August regelmäßig am besten wöchentlich düngen. Junge Pflanzen jährlich umtopfen, später nach Bedarf.

Krankheiten. Der Kletterstrauch wird gefährdet durch Mehltau und Pilzkrankheiten; zu Blattflecken kommt es durch zu sonnigen oder zu kühlen Stand.

CISSUS QUADRANGULARIS
Kaktusähnlicher Wein

Standort: vollsonnig, in großen Pflanzgefäßen
Wuchshöhe: in seiner Heimat baumhoch, in Kultur benötigt er viel Platz und ein stabiles Klettergerüst
Blütezeit: Sommerblüher
Vermehrung: durch Stecklinge

Beheimatet ist der Kaktusähnliche Wein, *Cissus quadrangularis* (syn. *C. cactiformis*), in den Trockenwäldern Zentralafrikas und Vorderindiens. Er gehört zur Pflanzenfamilie der Weinrebengewächse *(Vitaceae)*.

Allgemeine Merkmale. Ihren deutschen Namen trägt die Pflanze zu Recht. 3 bis 5 dicke, graugrüne, 4 bis 5 welligkantige Sprosse tragen an den Knoten kleine Blätter und Ranken. An den Knoten bilden sich auch die rispigen Blütenstände, aus denen die Früchte, kleine, rotschwarze, nicht genießbare Trauben, entstehen. An seinem Heimatstandort klimmt *Cissus quadrangularis* bis in die Kronen der umgebenden Bäume. Zu erwähnen wären noch *Cissus antarctica*, der Australische Wein sowie *Cissus discolor*, die Buntblättrige Klimme, beides beliebte Zimmerkletterpflanzen, die besonders durch ihre bizarre Wuchshöhe bestechen.
Die Buntblättrige Klimme gedeiht am besten im Tropenfenster. Die Stengel sind rötlich überlaufen. Die Blattoberflächen sind grün und weiß marmoriert, wogegen sich die Blattränder und Blattadern rot absetzen. Die Blattunterseite ist durchgängig rot.

Pflegetips. In Kultur braucht der Kaktusähnliche Wein ein stabiles Gerüst oder dgl., damit die schweren Sprosse Halt finden. Er ist raschwüchsig und deshalb ist sein Nährstoffbedarf relativ hoch. Er liebt volle Sonne, Temperaturen nicht unter 10–15°C und muß im Sommer oft gegossen werden. Im Winter dagegen sollte man mit Wasser sparen. Durch Stecklinge läßt sich die Pflanze leicht vermehren.

▽ ***Cissus quadrangularis***

<u>*Cissus quadrangularis*</u>, der Kaktusähnliche Wein, gilt als vorzüglicher Kletterer. Eine einzige Pflanze kann leicht eine ganze Wand beranken. Besonderer Wert sollte auf ein stabiles Klettergerüst gelegt werden.

Clianthus puniceus* f. *albus **besitzt krallige, herabhängende Blütenstände, die dank ihrer weißen Farbe besonders hervorstechen.**

***Clianthus puniceus*. Im Gegensatz zur oben abgebildeten Variante ist die Blütenfarbe der Art ein leuchtendes Rot. Unter idealen Bedingungen kann die Pflanze bis zu 4 m hoch werden.**

Epipremnum aureum **beeindruckt mit seinen dekorativen Blättern, die sich sehr schön von der Wand absetzen.**

CLIANTHUS PUNICEUS

Ruhmesblume

Standort: sonnig; in humoser, sandiger Erdmischung
Wuchshöhe: bis 2 m
Blütezeit: März–Mai
Vermehrung: durch Aussaat und Stecklinge

In ihrer Heimat Neuseeland wird die Ruhmesblume »Lobsters Claw« genannt, wegen der einer Hummerschere ähnelnden, riesigen Blüte. Sie gehört zur Pflanzenfamilie der Schmetterlingsblütler *(Leguminosae)*. In Gruppen von vier bis sechs hängen die Blüten zusammen, sind meist scharlachrot. Seltener zu sehen ist die weißblühende Sorte 'Alba'. Nach der Blüte bilden sich längliche Hülsen, die innen behaart sind. Der Schmetterlingsblütler wächst sehr hoch, buschig verzweigt und hat gefiederte Blätter.

Pflegetips. Sonnig stellen. Kühl überwintern, bei etwa 10 °C. Vorsichtig gießen, im Winter fast trocken halten. Die Pflanzen sind empfindlich gegen Staunässe. Von März bis Ende August wöchentlich düngen. Im Frühjahr umtopfen, Einheitserde reicht aus. Kopfstecklinge bewurzeln sich am besten im Sommer, bei etwa 20 °C Bodenwärme.

Weitere Arten. Neuerdings macht eine weitere *Clianthus*-Art unter Hobbygärtnern von sich reden: Als »Wüstenerbse« werden bei uns Samen von *Clianthus speciosus* angeboten. Es handelt sich dabei vermutlich um die Art *Clianthus formosus*, im Volksmund auch als »Teufelskopf« bekannt. Die bis zu 8 cm langen, leuchtend scharlachroten Blüten besitzen am Grund der Fahne eine schwarz-purpurne Fleckung, die ihnen ein außerordentlich exotisches Aussehen verleiht. Für den Hobbygärtner lohnt sich nur die einjährige Kultur im Wohnzimmer.

△ ***Clianthus puniceus* f. *albus***

△ ***Clianthus puniceus***
▽ ***Epipremnum aureum***

EPIPREMNUM AUREUM

Goldgefleckte Efeutute

Standort: nicht besonnter Platz bei Zimmertemperatur
Wuchshöhe: bis 3 m lange Triebe
Vermehrung: durch Stecklinge im Frühjahr

Die Efeutute, die aus der Pflanzenfamilie der Aronstabgewächse *(Araceae)* stammt, ist mit ihren grünweiß- oder weißgrünmarmorierten Blättern ein eher anspruchsloser Kletterer, der mit meterlangen Trieben ganze Wände überziehen kann. Die Pflanze ist in den asiatischen Waldgebieten heimisch.

Pflegetips. Die Efeutute braucht einen hellen bis halbschattigen Standort, ganzjährig Zimmerwärme und warmen Boden. Den Sommer über muß man gleichmäßig gießen, im Winter etwas sparsamer. Sie verträgt weder »kalte Füße« noch Staunässe. Vom Austrieb bis August einmal pro Woche düngen. Alle ein bis zwei Jahre umtopfen, allerdings nicht bei Hydrokultur, für die sich das *Epipremnum* ausgezeichnet eignet. Da ihr Lichtbedarf relativ gering ist, läßt sie sich gut als Raumteiler für ein sonst sonniges Zimmer verwenden. Zur Vermehrung Triebenden abschneiden und eintopfen.

Sortenempfehlungen. Besonders auffällig wegen ihrer goldgelben Triebe und Blätter ist 'Golden Queen', während die cremeweißen Triebe und Blattstiele von 'Marbel Queen' grün gezeichnet sind, die cremefarbenen Blätter eine grüne Panaschierung aufweisen. Bei 'Wilcoxii' sind die Zeichnungen der grün und gelb gefärbten Blätter deutlich voneinander abgegrenzt. Die vom Handel angebotenen Sorten können von der Beschreibung abweichen, da *Epipremnum* sensibel auf verschiedene Lichtverhältnisse reagiert.

FICUS PUMILA

Kletterfeige

Standort: halbschattig
Wuchshöhe: bis 3 m
Blütezeit: keine Blüten im Zimmer
Vermehrung: durch Stecklinge oder Abmoosen

Die Gattung *Ficus* ist eine der größeren, die wir im Pflanzenreich kennen. Weit über tausend Arten soll es geben, etwa zwanzig davon werden als Zimmerpflanzen kultiviert. Darunter finden sich Bäume und Sträucher, Kletterpflanzen und auch Nutzpflanzen – zum Teil von so unterschiedlichem Aussehen, daß man ihnen die Verwandtschaft gar nicht ansieht.
Die milchsaftführenden Pflanzen besitzen ganzrandige Blätter und gehören zu den Maulbeergewächsen *(Moraceae)* und sind in der ganzen Welt zu Hause. Der größte Teil jedoch stammt aus dem subtropischen Asien.

Ficus pumila (syn. *Ficus repens*), die Kletterfeige, hat ganz dünne, kletternde oder hängende Triebe mit winzigen Blättchen; es gibt auch buntblättrige Sorten. Der Platz sollte halbschattig, im Winter kühler sein. Die Pflanze braucht etwas feuchtere Luft.

Pflegetips. Den *Ficus* nie in die Sonne stellen und vor Zugluft schützen; auch die Kletterfeige schätzt wie die anderen *Ficus*-Arten gleichmäßige Temperaturen das ganze Jahr über. Immer erst gießen, wenn die oberste Erdschicht schon leicht angetrocknet ist. »Nasse Füße« führen zu Wurzelschäden. Im Frühjahr und Sommer alle zwei Wochen düngen. Vor allem bei großblättrigen Pflanzen muß man häufiger die Blätter abwaschen. Bei hohen Temperaturen sprühen. Kleinere Pflanzen in jedem Frühjahr, ältere alle drei bis vier Jahre umtopfen. Einheitserde ist gut geeignet. Zu große Pflanzen zurückschneiden.

△ ***Ficus benjamina* 'Variegata'**

△ ***Ficus deltoidea***
▽ ***Gynura sarmentosa***

GYNURA

Gynure, Samtpflanze

Standort: hell, aber nicht direkte Sonne, im Warmhaus oder als Zimmerpflanze, im Sommer auch im Freien
Wuchshöhe: 40–100 cm, kletternde Arten
Blütezeit: September–Dezember
Vermehrung: durch Kopfstecklinge oder Seitentriebe

Etwa 100 Arten dieser dekorativen Blattpflanzen aus der Familie der Korbblütler *(Compositae)* kommen in den tropischen Regionen Afrikas, Madagaskars, Ostasiens und Malaysias vor. Davon sind nur wenige Arten in Kultur. Sie haben meist stark violett- bis purpurrotgefärbte, tiefgezähnte Blätter und samtweiche Behaarung.

Gynura procumbens, die niederliegende Gynure, ist ein an der Basis verholzender Schlinger, der bis 2 m hoch wächst und dessen Triebe auch nach unten hängen, benötigt ein Rankgerüst. Orangefarbene Blüten in Trauben an den Zweigenden.

Gynura scandens, die kletternde Gynure, ist ein ostafrikanischer Halbstrauch mit kletternden und hängenden Trieben; die Blätter sind groß gezähnt, violettrot, behaart. Orangefarbene Blüten erscheinen von Juni bis September. Sie verbreiten einen unangenehmen Geruch. Die Pflanze benötigt ein Rankgerüst.

Pflegetips. Die Kultur ist einfach; als Substrat eignet sich nahrhafte Einheitserde, regelmäßiges Gießen und Besprühen ist vorteilhaft. Nur während des Sommers können die Pflanzen auch im Freien gehalten werden, sonst im Zimmer und Warmhaus, im Winter nicht unter 15°C. Da nur junge Pflanzen ihre prächtige violette Blattfarbe zeigen, empfiehlt sich regelmäßiges Verjüngen durch Zurückschneiden sowie laufende Stecklingsvermehrung.

***Ficus benjamina* 'Variegata' ist eine weit verbreitete Zimmerpflanze Die Sorte besticht durch ihre schmalen, weiß panaschierten Blätter.**

***Ficus deltoidea*, die Mistelfeige, ist eine schwachwüchsige Art mit hellgrünen, unterseits bräunlichen Blättern. Sie trägt kleine Früchte von zunächst grünlichweißer, später stumpfgelber Farbe.**

***Gynura sarmentosa*, die Samtpflanze, kann sowohl im Zimmer als auch im warmen Gewächshaus gezogen werden. Sind die Rankgerüste und Pflanzbehälter mobil, kann man sie im Sommer ins Freie stellen.**

***Hoya carnosa*, die Wachsblume, ist eine problemlose Schlingpflanze fürs Zimmer. Wem ein eigenes Spalier zu aufwendig ist, der kann die oft meterlangen Triebe je nach Bedarf auch an der Wand befestigen. Andere Triebe können sich dann an ihnen festhalten, so daß schließlich ein dichtes Gewirr aus dickfleischigen, glänzenden, dunkelgrünen Blättern und milchweißen Blütendolden entsteht.**

***Manettia bicolor* ist eine recht anspruchslose Kletterpflanze aus dem tropischen Südamerika, die bei uns bis zu 2 m hoch werden kann. Charakteristisch sind die großen, glänzenden Blätter, zwischen denen den ganzen Sommer über die kleinen, röhrenförmigen, rot-gelb gerandeten Blüten erscheinen.**

HOYA

Wachsblume

Standort: hell, aber nicht zu sonnig
Wuchshöhe: starkwachsende Schlingpflanzen und kleine Halbsträucher
Blütezeit: von Frühjahr bis Herbst mit Abweichungen
Vermehrung: durch Stecklinge

Die Wachsblumen sind mit 200 Arten von Indien über den Malaiischen Archipel bis Australien verbreitet. Sie gehören in die Familie der Seidenpflanzengewächse *(Asclepiadaceae)*.

Hoya carnosa, die typische Wachsblume, mit milchweißen, im Zentrum roten Blüten, ist eine stark rankende Zimmerpflanze. Sie bildet oft stattliche, quadratmetergroße Spaliere mit dickfleischigen, glänzenddunkelgrünen Blättern. Blüte von Frühjahr bis Herbst. Die alten Blütenansätze müssen nach der Blüte erhalten bleiben, da sich an ihnen die nächsten Blüten bilden.

Hoya australis sieht ähnlich aus, hat aber größere, rundlich-ovale Blätter und kleinere Blütenstände. Sie ist ebenfalls ein starker Schlinger. Beide Arten gedeihen gut bei 15–18°C. Ein Absenken der Temperatur auf 10–12°C im Winter und sparsames Gießen fördert die Blütenbildung.

Pflegetips. Wachsblumen brauchen humose, durchlässige Erde. Dazu kommt eine Grunddüngung. Da sich die Blätter nach dem Licht richten, darf der Standort nicht geändert werden. Standortwechsel führt meist zu Knospenfall.

▽ ***Hoya carnosa***

MANETTIA

Manettie

Standort: hell, bei starker Sonne leichter Halbschatten
Wuchshöhe: als Rankpflanze ausgepflanzt 2 m und höher, im Topf 60–80 cm
Blütezeit: vom Frühjahr bis Herbst
Vermehrung: durch Stecklinge

Die Gattung *Manettia* aus der Familie der Krappgewächse *(Rubiaceae)* ist mit etwa 130 Arten im tropischen Mittel- und Südamerika beheimatet. Davon werden 2 Arten, *Manettia bicolor* aus Brasilien und *M. inflata* aus Paraguay und Uruguay, bei uns als Topfpflanzen mit kleinen Rankgerüsten angeboten. Beide Arten sehen sich sehr ähnlich; bekannter ist *M. bicolor*. Die achselständig erscheinenden, kurzgestielten Blüten bilden eine etwa 2 cm lange, schlanke Röhre, die am Grund etwas bauchig und von intensiv roter Färbung ist. Nach vorne, zur Öffnung hin, geht sie in einen orangegelben Farbton über. Die Blüten erscheinen den ganzen Sommer über bis in den Herbst hinein sehr zahlreich.

Pflegetips. Die Ansprüche der Manettien sind nicht groß. Verpflanzt wird jedes Jahr im zeitigen Frühjahr in eine humose Erdmischung mit guter Drainage. Dabei kann gleichzeitig ein Rückschnitt erfolgen. Vom Frühjahr bis zum Herbst müssen sie warm bei 18–20°C stehen. Im Winter wird eine Ruheperiode bei Temperaturen von 10–12°C eingehalten und weniger gegossen. Sind die Pflanzen schon älter, ist es zweckmäßig, sie im Herbst durch Stecklinge zu vermehren.
Gefürchtete Schädlinge sind Weiße Fliege und Spinnmilben, die bekämpft werden müssen.

▷ ***Manettia bicolor***

***Pandorea jasminoides* ist ein immergrüner Schlingstrauch mit Fiederblättern. Die trichterförmigen, weißen Blüten mit rosa Schlund erscheinen vom Spätwinter bis in den Sommer hinein.**

***Petrea volubilis*, der Purpurkranz, zeichnet sich besonders durch seine tieflilablauen Blüten aus, die in einfachen oder zusammengesetzten Ähren vom Spätwinter bis in den Spätsommer immer wieder neu erscheinen.**

PANDOREA
Pandorea

Standort: sonnig, warm; ohne besondere Bodenansprüche
Wuchshöhe: 5–7 m
Blütezeit: Juni–August
Vermehrung: durch Aussaat oder Stecklinge

In Ostmalaysia und Zentralaustralien kommen die 6 Arten dieser Gattung vor; sie gehört zur Familie der Klettertrompetengewächse *(Bignoniaceae)*.

Allgemeine Merkmale. Die immergrünen, ohne Ranken windenden Sträucher haben wechselständige, unpaarig gefiederte Blätter. Die Blättchen sind ganzrandig oder gezähnt. Die weißen oder roten Blüten, die zu vielen in end- oder achselständigen Büscheln erscheinen, haben eine glockige oder trichterförmige Krone mit schmalem oder breitem Saum. Die Frucht ist eine längliche Hülse mit dicken, nicht gekielten Klappen. In mediterranen Klimazonen sind die beiden folgenden Arten beliebte und oft gepflanzte Lianen mit schönen, auffallenden Blüten. Nur südlich der Alpen ausreichend frosthart.

Pandorea jasminoides, immergrüner, sich ohne Ranken hochwindender Strauch, Blätter mit 5–7 fast sitzenden, spitz-eiförmigen, 3–6 cm langen, oberseits glänzendgrünen Blättchen. Blüten im Juli–August, trichterförmig. Krone 4–5 cm lang, Saum fünflappig, weiß, außen rosa überhaucht, im Schlund dunkelrosa, in wenigblütigen, end- und achselständigen Rispen. Heimisch im östlichen Australien. Vom Mittelmeergebiet bis in die Subtropen und Tropen als Zierpflanze verbreitet. Von den Sorten wären die reinweiße 'Alba' und die rosafarbene 'Rosea' zu erwähnen.

▽ ***Pandorea jasminoides***

Pflegetips. *P. jasminoides* ist eine hervorragende Zierpflanze für beheizte Wintergärten. Das vor allem, da die Pflanze im hellen Glasquartier, wo man sie durchkultivieren kann, einen anderen Blührhythmus zeigt, als bei der Verwendung im Kübel mit Winterruhe. Ausreichend Licht vorausgesetzt, kann der Flor bereits im März beginnen und bis in den Dezember hinein anhalten. Erst wenn die Tageslichtmenge merklich nachläßt, öffnen sich die Knospen nicht mehr und werden abgeworfen. Wie bei allen *Bignoniaceen* ist der Flor desto reicher und üppiger, je heller sie stehen. Daneben sollten den Sommer über reichlich Nährstoffe in Form von Blumendünger, am besten wöchentlich ins Gießwasser, gegeben werden. Auch im Winter ausreichend gießen.

Schädlinge an jungen, saftigen Trieben sollten durch rechtzeitige Bekämpfung beseitigt werden.

Pandorea pandorana, immergrüner, sehr starkwüchsiger, windender Strauch; Blätter bis 20 cm lang, meist 5 bogenförmige Blättchen, eiförmig bis mehr lanzettlich, lang zugespitzt, 3–6 cm lang, ganzrandig bis grob gekerbt, oben glänzend-grün. Blüten im Mai bis Juni zu vielen in Rispen, Krone trichterförmig, 1,5–2 cm lang, Saum schmal fünflappig, rahmweiß, im Schlund mit purpurnen Flecken. Die Pflanze ist heimisch in Australien und Neuguinea. Wird in ihrer Heimat »Wanga-Wanga« genannt und ist eine beliebte Zierpflanze.

PETREA
Purpurkranz

Standort: sonnig bis halbschattig, warm; ohne besondere Bodenansprüche
Wuchshöhe: bis 6 m oder mehr
Vermehrung: durch Aussaat oder Stecklinge

Im tropischen Amerika und in Westindien sind rund 50 *Petrea*-Arten verbreitet, sie gehören zur Familie der Eisenkrautgewächse.

Allgemeine Merkmale. Die immergrünen Sträucher haben gegenständige, ungeteilte, ganzrandige, lederartige Blätter. Die Blüten sitzen in langen, überhängenden oder abstehenden Trauben in den Blattachseln der oberen Blätter. In den fünfzähligen Blüten sind sowohl die großen Kelchzipfel als auch die kurze Blütenkrone mit ihrem schiefen, fünfzipfligen Saum auffallend gefärbt. In der Regel ist nur eine Art in Kultur.

Petrea volubilis ist ein immergrüner, im Mittelmeergebiet nur sommergrüner, sich bis 10 m hochwindender Strauch. Die Blätter sind ungeteilt, ganzrandig, 8–20 cm lang, ledrig, beiderseits rauh. Die Blüten erscheinen in zahlreichen langen, überhängenden Trauben, die langen und schmalen Kelchzipfel sind meist hellblau, die Krone ist violett gefärbt; sie ist, im Gegensatz zu den Kelchblättern nur kurzlebig. Heimisch ist der Purpurkranz von Mexiko bis Panama und auf den Westindischen Inseln. Wegen der außergewöhnlich schönen Blüten gilt er als ein geschätzter, auch wenn er im Freien nur von frostfreien mediterranen bis in tropische Klimazonen zufriedenstellend gedeiht. Bei uns ist nur die Kultur als Zimmerpflanze möglich.

▷ ***Petrea volubilis***

Philodendron scandens **gehört zu den beliebtesten Kletterpflanzen für Innenräume – was nicht zuletzt seiner Anspruchslosigkeit zu verdanken sein dürfte. Er ist ein ziemlich raschwüchsiger, immergrüner, verholzender Schlinger mit kräftiggrünen, glänzenden Blättern, die bis zu 30 cm lang werden können. Der Philodendron kann, entsprechende Bedingungen vorausgesetzt, mehr als 4 m hoch werden.**

PHILODENDRON

Baumfreund, Philodendron

Standort: hell bis halbschattig, keine direkte Sonne, ganzjährig Zimmertemperatur
Wuchshöhe: unterschiedlich, teilweise mehrere Meter weit rankend
Blütezeit: unterschiedlich, je nach Art
Vermehrung: durch Kopf- oder Stammstecklinge, Abtrennen bereits bewurzelter Jungpflanzen oder Aussaat

Etwa 280 Arten dieser zu den Aronstabgewächsen *(Araceae)* gehörenden Pflanzen sind als kletternde, baum- oder strauchartig wachsende, im Boden wurzelnde oder auf Bäumen epiphytisch lebende Bewohner der tropischen Regenwälder Amerikas bekannt. Die schönsten, wie *Philodendron melanochrysum* mit bis zu 80 cm langen Blättern, kann man nur in den Schauhäusern Botanischer Gärten bewundern. Es bleiben aber noch genügend attraktive Arten und Formen für die Kultur im Zimmer oder, noch besser, Blumenfenster übrig, darunter solche, die man an einem Moosstab hochwachsen oder aus Ampeln herabhängen lassen kann.

Allgemeine Merkmale. Gewisse Schwierigkeiten haben selbst Botaniker bei der Artbestimmung, da sich die Jugendblätter von denen älterer Pflanzen bisweilen beträchtlich unterscheiden. Außer bei *P. erubescens* erscheinen die für alle Aronstabgewächse typischen weißen Blütenkolben mit weißer, gelber oder roter Spatha (Hochblatt), nur bei älteren Exemplaren und deshalb an Zimmerphilodendron nur selten.

Philodendron bipennifolium (syn. *P. panduriforme*) mit olivgrünen, ledrigen, bis 30 cm langen und 20 cm breiten, im Alter speerförmigen Blättern an 30 cm langen Stielen; aus Brasilien stammende schnellwachsende Kletterpflanze.

Philodendron cordatum, ein aus Südostbrasilien stammendes, kletterndes Philodendron mit sehr großen, herzförmigen Blättern ohne Fiederung.

Philodendron elegans mit tief fiederschnittigen, bis zu 70 cm langen, 50 cm breiten, grünen Blättern an 60 cm langen Stielen; kletternde und sehr wüchsige Art; stammt ebenfalls aus Südamerika.

Philodendron erubescens hat länglich-pfeilförmige, 40 cm lange und 20 cm breite Blätter, oberseits glänzend dunkelgrün, unterseits kupferfarben. 'Red Emerald' und 'Burgundy' sind rotblättrige Sorten; kletternde Art.

Philodendron ilsemanii hat lanzettlich-pfeilförmige, 40 cm lange Blätter. Oberfläche weißgrün oder rotpanaschiert, auch fast cremefarben.

Philodendron imbe hat dünne, bis 20 cm lange, pfeilförmige Blätter, die sich an 30 cm langen Stielen waagerecht vom Stamm ausbreiten; kletternde Art aus Südbrasilien.

Philodendron pedatum (syn. *P. laciniatum*) hat 30 cm lange, dunkelgrüne, mehrfach geteilte und mit tiefeingeschnittenen Lappen versehene, im Umriß dreieckige Blätter. Ähnlich geteilt oder gelappt sind die Hybride 'Florida' und die weißbunte 'Variegata'; sehr langsam wachsende und kletternde Art.

Philodendron radiatum hat große, dunkelgrüne, fast bis zum Mittelnerv eingeschnittene Blätter; eine kletternde Art aus Südostmexiko und Guatemala.

Philodendron rugosum mit langgestielten, herzförmigen, 30 cm langen und fast ebenso breiten, etwas gerunzelten Blättern; eine langsam wachsende, kletternde Art aus Ekuador.

Philodendron scandens hat in der Jugend kleine, herzförmige, später bis 30 cm lange, 20 cm breite Blätter. Wegen der langen, schlanken Triebe mit der dichten Belaubung für Ampeln oder zum Beranken von Gitterkonstruktionen besonders geeignet. Wegen seiner Anspruchslosigkeit eines der beliebtesten, kletternden Philodendren.

Philodendron squamiferum hat fünflappige, bis 30 cm lange Blätter; die ebenso langen Blattstiele sind in der Jugend mit rötlichen, später grünen, abstehenden, moosartigen Schuppen besetzt. Diese kletternde Art kommt bei ausreichender Wärme (Tropenfenster) leicht zum Blühen.

Philodendron verrucosum, bis 20 cm lange, herzförmige Blätter, oberseits smaragd- bis olivgrün schimmernd, unterseits rot. Die 50 cm langen Blattstiele sind dicht mit warzenähnlichen Borsten besetzt. Dieses Kletterphilodendron wünscht Wärme und hohe Luftfeuchtigkeit, am besten im Tropenfenster kultivieren.

Pflegetips. Philodendron braucht einen hellen bis halbschattigen Standort, keine direkte Besonnung; das Lichtbedürfnis der einzelnen Arten variiert , am genügsamsten in jeder Beziehung ist *P. scandens*. Die Pflanzen werden ganzjährig im Zimmer gehalten bei Wintertemperaturen nicht unter 16°C, die wärmeliebende Art *P. verrucosum* nicht unter 18°C; die Bodenwärme sollte der Zimmertemperatur entsprechen oder eher etwas höher liegen. Mit enthärtetem, temperiertem Wasser stets gleichmäßig feucht halten, aber nicht vernässen. Die empfindlichen Arten sind für erhöhte Luftfeuchtigkeit dankbar. Starkwachsende Exemplare von April bis August wöchentlich, sonst nur alle zwei Wochen und im Winter monatlich oder seltener düngen, um Blattwachstum einzuschränken.

▷ ***Philodendron scandens***

***Plumbago auriculata*, die Bleiwurz, sollte unbedingt als Kübelpflanze gezogen werden. Man kann sie dann im Sommer auf die Terrasse stellen und sich von Mai bis Oktober an den wunderschönen, hellblauen Blüten erfreuen. Man überwintert den sommergrünen Strauch kühl und mäßig feucht.**

***Stephanotis floribunda*, die Kranzschlinge, hat duftende, wachsweiße Blüten, die in kleinen Dolden vom Frühling bis in den Herbst erscheinen. Die hübsche Zimmerpflanze ist recht empfindlich und bedarf sorgfältiger Pflege.**

PLUMBAGO AURICULATA

Bleiwurz

Standort: nur südlich der Alpen ausreichend hart, in nördlichen Breiten häufig als Kübelpflanze gezogen
Wuchshöhe: 2–3 m
Blütezeit: Mai–Oktober
Vermehrung: durch Stecklinge

Von den 12 Arten der Gattung, die in warmen Regionen der Erde vorkommen, ist nur *Plumbago auriculata* als Zierpflanze verbreitet. Der sommergrüne, stark verzweigte Strauch hat vierkantige Triebe, wächst niederliegend oder kletternd und kann 2–3 m hoch werden. In südlichen Gärten wird er meist als Kletterpflanze verwendet, in unseren Breiten oft als Kronenbäumchen gezogene Kübelpflanze. Die Blätter sind wechselständig, kurz gestielt, 5–6 cm lang, eilänglich bis etwas spatelförmig, stumpf oder mit einem kleinen Spitzchen. Unermüdlich, von Mai bis Oktober, werden hellblaue Blüten produziert. Sie sind mit einer langen, engen Kronröhre und einem flachen, fünfteiligen Saum ausgestattet und erscheinen in kurzen, endständigen Ähren. Solche Blüten werden als »Stieltellerblüten« bezeichnet.

Plumbago auriculata stammt aus Südafrika. Im frostfreien Mittelmeerraum sieht man sie häufig als Gartenpflanze. Bei uns ist sie dank ihrer langen Blütezeit eine beliebte Kübelpflanze, die im Sommer am besten im Freien in voller Sonne aufgestellt wird. Nicht selten wird sie auch ausgepflanzt, sie wächst und blüht dann besser. Im Herbst müssen die Sträucher wieder eingetopft und kühl und mäßig feucht überwintert werden.

▽ ***Plumbago auriculata***

STEPHANOTIS FLORIBUNDA

Kranzschlinge

Standort: hell, keine direkte Sonne
Wuchshöhe: bis 5 m lange Ranken
Blütezeit: Mai–August
Vermehrung: durch Stecklinge

Von den ca. 16 Arten der zu den Seidenpflanzengewächsen *(Asclepiadaceae)* zählenden Pflanze wurde nur *Stephanotis floribunda* als Zimmerpflanze in Kultur genommen. Die ledrigen, glänzend-dunkelgrünen, bis zu 9 cm langen Blätter sitzen an kurzen Stielen, sind immergrün und ähneln dem Laub des Gummibaums. Die stark duftenden Blüten entspringen den Blattachseln in lockeren Dolden. Man kann die Kranzschlinge auch an einem rundgebogenen Draht aufbinden.

Pflegetips. Die Kranzschlinge will unbeengt durch andere Gewächse oder Gardinen frei und luftig stehen. Den Sommer über alle 2 Wochen düngen und nur enthärtetes, temperiertes Wasser verwenden. Während der kühlen Überwinterung den Ballen nie austrocknen lassen. Bei Temperaturen am hellen Winterplatz über 14°C ist Schädlingsbefall unvermeidlich.

▽ ***Stephanotis floribunda***

SYNGONIUM

Standort: schattig bis absonnig
Wuchshöhe: kletternd mehrere Meter, kriechend 20–30 cm
Blütezeit: Aronstabgewächs mit einem weniger auffälligen Hochblatt
Vermehrung: durch Stecklinge

Die Gattung *Syngonium* aus der Familie der Aronstabgewächse *(Araceae)* ist mit etwa 20 Arten von Westindien, Mexiko bis Brasilien beheimatet. Darunter gibt es auch Arten für schattige und absonnige Lagen. In der Jugend und im Alter zeigen sich unterschiedliche Wuchsformen.

Syngonium auritum aus Jamaika und Honduras ist eine hochkletternde Liane, die wie Philodendron gehalten wird. Die sich sehr bald bildende Altersform hat drei- bis fünffach geteilte, glänzend grüne Blätter.

Syngonium podophyllum das von Mexiko bis Costa Rica vorkommt, ist wohl die bekannteste Art. Sie ist im Blatt sehr variabel, von einfach pfeilförmig in der Jugend bis vielfach fußförmig geteilt im Alter. Von dieser Art gibt es einige Sorten mit schön gezeichneten und gefärbten Blättern in der Jugendform: 'Emerald Gem' (glänzend grün), 'Imperial White' (weiß, grün gerandet) und 'Albolineatum' (mit weißen Blattnerven).

Syngonium vellozianum ist durch fünfgeteilte, dicklich grüne Blätter gekennzeichnet. Dabei überragen die mittleren Blatteile die anderen.

Kultur- und Pflegetips. *Syngonium* sind empfehlenswerte Grünpflanzen für absonnige Bereiche bei Temperaturen nicht unter 18°C und guter Luftfeuchtigkeit. Sie wachsen sehr rasch und können schnell Rankgerüste und Wände besiedeln. *Syngonium podophyllum* mit den Sorten kann als Unterpflanzung und für Ampeln verwendet werden. Gepflanzt wird in eine handelsübliche humose, gut durchlässige Grünpflanzenerde. Stecklinge von reifen Triebspitzen und von Stammstücken können das ganze Jahr über geschnitten werden. Die Vermehrungstemperatur sollte nicht unter 20°C liegen. Die Ansprüche sind gering. Ausreichende Feuchtigkeit mit guter Nährstoffversorgung sind zu gewährleisten. Gelegentliches Stutzen fördert die Verzweigung. Der Standort sollte hell, aber nicht der direkten Sonne ausgesetzt sein. Dabei werden warme Temperaturen bevorzugt. Besonders im Sommer muß reichlich gegossen und für Luftfeuchtigkeit gesorgt werden. Im Winter dagegen sollte man weniger gießen.

▽ ***Syngonium podophyllum***

▽ ***S. p.* 'Trileaf Wonder'**

▽ ***Syngonium podophyllum* 'Variegatum'**

***Syngonium podophyllum*. Der aus Mittelamerika stammende dichtbuschige Strauch klettert mit Haftwurzeln. Die bis zu 30 cm langen Blättern sind pfeilspitzförmig und aus 7–9 Einzelblättern zusammengesetzt.**

***Syngonium podophyllum* 'Trileaf Wonder' hat spitzere, nur aus 3 glänzenden Blättchen zusammengesetzte Blätter, die sich durch hellgrüne, oft auch silbergraue Blattnerven auszeichnen.**

***Syngonium podophyllum* 'Variegatum'. Das Besondere dieser Sorte sind die weiß gefleckten Blätter. Zu reichliche Stickstoffversorgung kann jedoch zur vermehrten Produktion grüner Blätter führen.**

***Tetrastigma voinierianum*, der Kastanienwein, ist ein sehr wüchsiger Kletterer, dem unbedingt genügend Raum zur vollen Entwicklung gegeben werden sollte. Die Pflanzen benötigen im Sommer ausreichend Nährstoffe und Feuchtigkeit und bevorzugen den Halbschatten.**

***Trachelospermum jasminoides*, der Sternjasmin, bezaubert als Kübelpflanze oder direkt im Wintergarten oder Gewächshaus ausgepflanzt mit seinen langgestielten weißen Blüten. Von August bis September verbreiten sie einen angenehmen Jasminduft.**

TETRASTIGMA VOINIERIANUM

Kastanienwein, Tonkingwein

Standort: hell bis halbschattig, keine direkte Sonne
Wuchshöhe: bis 8 m lange Ranken
Vermehrung: durch Kopfstecklinge

Weil diese Pflanze aus der Familie der Weinrebengewächse *(Vitaceae)* nur in der Gegend von Tonking vorkommt, trägt es auch den Namen Tonkingwein, wegen seiner Wuchsfreudigkeit und der großen, handförmig fünffach geteilten, am Rand grob gesägten Blätter ist die Bezeichnung Riesenwein ebenfalls gebräuchlich.

Verwendung. Die kaum zu bremsende Wüchsigkeit, gepaart mit Anspruchslosigkeit und geringem Lichtbedarf, macht *Tetrastigma* zu einer idealen Pflanze für die Begrünung größerer Flächen, z. B. in einem Treppenhaus oder einer geräumigen Diele. Triebe immer wieder aufbinden. Für Wohnräume ist die Pflanze weniger geeignet und nur durch wiederholten, kräftigen Rückschnitt einigermaßen im Zaum zu halten. Längenzuwachs von 2 m jährlich ist keine Seltenheit. Blüht bei uns kaum.

Pflegetips. Im Winter werden Temperaturen bis zu 10°C vertragen, in dieser Zeit ist dann entsprechend sparsam zu gießen; während der Wachstumsperiode im Sommer braucht Kastanienwein viel Feuchtigkeit, man muß also reichlich gießen und wöchentlich düngen. Bei zu kleinen Gefäßen bereitet es Schwierigkeiten, die Pflanze so zu versorgen, daß keine Mängel auftreten.

▽ ***Tetrastigma voinierianum***

TRACHELOSPERMUM JASMINOIDES

Sternjasmin

Standort: als Kübelpflanze an halbschattigen Plätzen
Wuchshöhe: 2–3 m
Blütezeit: August–September
Vermehrung: meist durch Stecklinge

Trachelospermum jasminoides ist die am häufigsten kultivierte der insgesamt etwa 30 Arten, die im tropischen und subtropischen Ostasien verbreitet sind.

Allgemeine Merkmale. Er ist ein immergrüner, milchsaftführender, reichverzweigter Strauch aus der Familie der Hundsgiftgewächse *(Apocynaceae)*. Seine elliptischen bis lanzettlichen, ledrigen, 7–14 cm langen Blätter sind gegenständig. Die weißen Blüten, die in langgestielten, lockeren Trugdolden in den oberen Blattachseln entstehen, duften angenehm nach Jasmin. Die kleinen Einzelblüten haben über einer zylindrischen Röhre eine flache, tellerförmige Krone mit 5 länglichen Abschnitten, die an der Basis nach rechts gedreht sind.

Kultur- und Pflegetips. Nördlich der Alpen ist Sternjasmin als Freilandpflanze nicht ausreichend frosthart. Er kann in ausreichend großen Kalthäusern ausgepflanzt werden, wird meist aber als Kübelpflanze gehalten, die den Sommer über an einem halbschattigen Platz im Freiland aufgestellt wird. Als Substrat eignet sich am besten Einheitserde oder eine lehmig-humose Erdmischung. Von April bis Anfang August wird wöchentlich gedüngt, denn nur guternährte Pflanzen blühen reich. Bei der Überwinterung im frostfreien Kalthaus soll nur wenig gegossen werden.

▷ ***Trachelospermum jasminoides***

Tradescantia pallida 'Purple Heart', eine Sorte der Dreimasterblume, hat auffallend dunkelviolette Triebe und etwas fleischige Blätter. Im Sommer erscheinen rosaweiße Blüten.

Zebrina pendula, das Zebrakraut, kann man entweder als Ampelpflanze kultivieren oder die Triebe am Spalier hochziehen. Die attraktive Blattfärbung ist entscheidend vom Standort abhängig. Er sollte hell, jedoch ohne pralle Mittagssonne sein. Bei zu wenig Licht verblassen und vergrünen die Blätter.

TRADESCANTIA

Dreimasterblume, Tradeskantie

Standort: hell bis sonnig
Wuchshöhe: niederliegend oder aufrechtwachsend
Blütezeit: von Frühjahr bis Spätsommer
Vermehrung: durch Stecklinge oder Teilung

Im tropischen wie subtropischen Amerika kommen mehr als 60 Arten dieser Pflanze aus der Familie der Commelinengewächse *(Commelinaceae)* vor. Einige der nicht winterharten, niederliegenden Tradeskantien sind beliebte Hänge- und Ampelpflanzen fürs Zimmer; andere hübsche, Gartenstauden.

Ampel-Tradeskantien. Zu den bekanntesten Ampel-Tradeskantien gehören *Tradescantia albiflora* mit grünen, spitzzulaufenden Blättchen. Buntlaubige Sorten sind u. a. 'Rockford Silver', 'Tricolor' und 'Aureo-vittata'. *T. blossfeldiana* fällt durch rötliche Sprosse und weißbehaarte Blattunterseiten auf, die Sorte 'Variegata' hat cremefarben gestreifte Blätter. Auch von *T. fluminensis* gibt es einige weißgelbgetönte Sorten, 'Quicksilver' hat weißgrüngestreifte Blätter. Alle diese Arten wollen hell bis sonnig, jedoch nicht in praller Mittagssonne stehen. Im Winter vertragen sie bei hellem Stand und gelegentlichem Übersprühen mit temperiertem Wasser auch Wohnwärme.
Eine langsam wachsende, kriechende Art ist *T. navicularis.* Ihre eiförmig zugespitzten, fleischigen Blätter sind 2–3 cm lang und haben eine sehr hübsche, kupfergrüne Färbung; die Unterseite ist purpurfarben, wie bei vielen Tradeskantien, die Blattränder sind mit kurzen Haaren besetzt, die Blüten hellrosa. *T. sillamontana* fällt durch den Kontrast zwischen den purpurrosa Blüten und den dunkelgrünen, 6 cm langen, länglich-ovalen Blättern auf. Gleich den Stengeln sind sie mit einem dichten, weißwolligen Haarfilz besetzt.

Pflegetips. Mit ihren bis zu 30 cm langen, herabhängenden Trieben sind Tradeskantien hervorragend für Ampelpflanzung geeignet, zumal sie keine besonderen Ansprüche an die Pflege stellen. Außer den beiden zuletzt genannten brauchen sie stets gut feuchte Topferde, neigen jedoch durch den Abwurf der unteren Blätter zum Verkahlen.

Vermehrung. Kopfstecklinge können zu jeder Jahreszeit geschnitten und zu mehreren in ein Gemisch von Torf und Sand zu gleichen Teilen gesteckt werden. An einem hellen, jedoch nicht sonnigen Platz und bei stets leichter Bodenfeuchtigkeit erfolgt die Bewurzelung innerhalb von etwa zwei Wochen. Wenn sie kräftig herangewachsen sind, pflanzt man die Stecklinge in ein größeres Gefäß oder eine Ampelschale in übliche Blumenerde um. Ebenso problemlos erfolgt die Wurzelbildung auch in einem Gefäß mit Wasser. Allerdings muß man hier beim späteren Umsetzen in ein Erdgefäß besonders vorsichtig sein, da die »Wasserwurzeln« außerordentlich zart und brüchig sind. Um einen buschigen Wuchs zu erzielen empfiehlt es sich, die jungen Triebspitzen wüchsiger Tradeskantien regelmäßig auszubrechen; trokkene Blätter sind zu entfernen.

▽ ***Tradescantia pallida* 'Purple Heart'**

ZEBRINA PENDULA

Zebrakraut

Standort: hell, keine pralle Mittagssone
Wuchshöhe: Trieblänge bis 1 m
Vermehrung: durch Kopfstecklinge

Zebrina pendula, die häufigste Art, zählte früher zur Gattung *Tradescantia* und ist deshalb auch unter dem Namen Zebratradeskantie bekannt. Die Pflanze, sie gehört zur Familie der Commelinengewächse *(Commelinaceae)* hat etwa 6 cm lange, eirunde, zugespitzte Blätter mit 2 breiten, silbriggrauen Längsstreifen und violetter Unterseite. Die unscheinbaren, rosaroten Blüten erscheinen sporadisch das ganze Jahr über. Es gibt einige in der Kultur allerdings etwas schwierigere Sorten wie 'Discolor' mit schmaleren Streifen und einer bronzefarbenen Mitte und 'Quadricolor' mit bunt und unregelmäßig gestreiftem Laub in Silber, Rosa, Cremeweiß.

Verwendung. Alle Zebrinen sind ansehnliche und attraktive Ampelpflanzen oder Bodendecker im Gewächshaus und Wintergarten, deren Blattfärbung allerdings bei zu dunklem Stand verblaßt und vergrünt.

Pflegetips. Im Sommer kann Zebrakraut einen luftigen Freilandplatz auf Balkon oder Terrasse erhalten, wird gleichmäßig feucht gehalten und alle zwei Wochen gedüngt. Die Wintertemperaturen am hellen Platz sollten mit 12–15°C nicht zu hoch liegen. Da die Blätter älterer Pflanzen leicht welken und die Triebe verkahlen, *Zebrina* andererseits leicht bewurzelt und schnell wächst, sollte man sich jährlich aus Kopfstecklingen Nachwuchs heranziehen.

▷ ***Zebrina pendula***

GESTALTUNGSMÖGLICHKEITEN

Es gibt kaum einen Platz, wo man keine Kletterpflanzen verwenden könnte. Neben der Wand- und Fassadenbegrünung, machen sie sich auch in Verbindung mit Sichtschutzwänden, Wintergärten oder Pergolen besonders hübsch. Eine Sonderform mit langer Tradition sind die Obstspaliere. Hier verbindet sich in besonders eindrucksvoller Weise die Funktionalität mit der Ästhetik. Gerade in den mittleren Breiten ist die Witterung für einen zuverlässigen Obstbau zu unbeständig. Die Wärmespeicherfähigkeit des Mauerwerks schützt die Blüte vor Spätfrösten und verhilft der Frucht zu ihrer vollen, süßen Reife. Kletterpflanzen müssen allerdings nicht immer in die Höhe wachsen. Manche unter ihnen kann man herunter hängen lassen oder verwendet sie auch als Bodendecker: mit etwas Phantasie lassen sich viele Varianten realisieren.

Schon die Verwendung einer Pflanzengattung allein kann sehr eindrucksvoll sein. Die Kletterrosen zieren Pergola und Wand. Im Vordergrund gesellen sich Teerosen und Floribunda-Rosen hinzu.

Auf eindrucksvolle Beispiele für Fassadenbegrünung trifft man fast in jedem Ort. Besonders der Efeu *(Hedera)* sorgt sommers wie winters für einen angenehmen Temperaturausgleich und gibt dem Haus einen unverwechselbaren Charakter.

Die Hauptaufgabe unserer Kletterpflanzen ist die Hausbegrünung. Die enge Verflechtung von Pflanze und Architektur hat fast zu jeder Zeit die Gemüter der Menschen bewegt; allerdings mit unterschiedlicher Wertung. Seit geraumer Zeit versucht man nun Vorteile und Probleme bei der Fassadenbegrünung wissenschaftlich zu untersuchen, um die sich hartnäckig haltenden Vorurteile auf ihren Wahrheitsgehalt zu überprüfen.

Schäden an Mauerwerk und Fassade. »Kletterpflanzen schädigen Mauerwerk und verursachen feuchte Wände.« Dies sind die beiden häufigsten Argumente gegen die Verwendung von Kletterpflanzen. Bei genauerer Betrachtung stellt man sehr schnell fest, daß diese Befürchtungen, wenn überhaupt, nur für die selbstklimmenden Arten, also im wesentlichen den Efeu und den selbstklimmenden Wilden Wein zutreffen. Arten, die Rank- bzw. Kletterhilfen benötigen, scheiden von vorne herein aus.

Untersuchungsergebnisse. Daß die Sorge um den Zustand von Gebäuden nicht gerade eine Erscheinung unserer Zeit ist, zeigen die Untersuchungen von Dr. Hager aus dem Jahre 1911. Er hatte zu diesem Thema eine Befragung bei Architekten, Bauverwaltungen und Hausbesitzern durchgeführt und festgestellt, daß beim Efeu überwiegend positive Erfahrungen gemacht wurden. Nur in wenigen, ganz speziellen Fällen konnten Schäden beobachtet werden. Als Ergebnis kann festgehalten werden – und dies hat sich auch in späteren Untersuchungen bestätigt –, daß beim Mauerwerk nur dann Schäden auftauchen, wenn das Mauerwerk bereits vorher stark verwittert ist und die Pflanzen die Möglichkeit haben, in Risse und Spalten einzudringen. Es können dann einzelne Steine zerstört oder aus dem Mauerverband herausgelöst werden. Dasselbe gilt für das »Wurzeln« im Mauerwerk. Dies ist nur möglich, wenn sich bereits Erde in Fugen und Ritzen angesammelt hat. Der Efeu *(Hedera)* hat dann nämlich die Fähigkeit, sogenannte Adventivwurzeln zu bilden. Ansonsten dienen die Haftwurzeln oder -scheiben, wie etwa beim Wilden Wein *(Parthenocissus tricuspidata)*, nur dem Festhalten und schädigen Putz und Mauerwerk in keiner Weise.

Feuchtigkeit in den Mauern. Vermehrte Feuchtigkeit in den Mauern tritt nur dann auf, wenn häufig Niederschläge durch starken Wind durch die Belaubung des Efeus hindurchgedrückt werden und die feuchte Mauer nicht mehr vollständig abtrocknen kann. Diese Konstellation findet man jedoch bei uns nur an der Wetterseite von Gebäuden in Küstengebieten vor. In diesem speziellen Fall sollte dann besser auf eine Fassadenbegrünung mit selbstklimmenden Arten verzichtet werden.
Natürlich gehört auch zu den Kletterpflanzen eine gewisse Pflege. So müssen starkwüchsige Arten wie der Schlingknöterich *(Polygonum)* oder der Blauregen *(Wisteria)* rechtzeitig zurückgeschnitten werden, bevor sie die Dachrinnen zuwachsen und verstopfen oder in die Spalte schadhafter Dachabdeckungen eindringen können.
In den übrigen Fällen wird gerade das Gegenteil der Befürchtungen erreicht: Mauerwerk und Putz, die vorher in Ordnung waren, werden durch die Kletterpflanzen zuverlässig vor zu schneller Alterung geschützt. Durch die Transpiration der Kletterpflanzen wird zudem dem Mauerfuß ständig Wasser entzogen, und schließlich schützt der dichte Blattpelz die Wand auch noch vor den Einwirkungen extremer Wetter- und Temperaturschwankungen.

Vorteile für die Fassade. Bei richtig durchgeführter Fassadenbegrünung überwiegen eindeutig die positiven Auswirkungen:

Wärmedämmung. Diese für die Bewohner sehr angenehme Wirkung tritt nur bei immergrünen Kletterpflanzen auf. Ursache hierfür sind zum einen das Luftpolster zwischen der Kletterpflanze und der Mauer und zum anderen die durch das Blattwerk selbst eingeschlossene Luft. Diese Isolierschicht bewirkt nun, daß weniger Wärme der Innenräume über die Mauern nach außen abgegeben werden kann.
Experimentelle Untersuchungen haben gezeigt, daß dieser wärmedämmende Effekt umso größer ist, je schlechter die Außenwände isoliert sind. So kann der K-Wert, ein gebräuchliches Maß für den Grad der Wärmedämmung, bei einer 30 cm starken Natursteinmauer um fast 20 % verbessert werden. Dabei geht man von einem durchschnittlich 35 cm dicken Kletterpflanzenpolster aus. Diese Werte schwanken natürlich mit der Dicke, dem Alter, der Art und der Beschaffenheit der Pflanzen. Aber dennoch: grundsätzlich man kann sich merken, daß man mit Kletterpflanzen eine kostengünstige Möglichkeit an der Hand hat, seine Heizungskostenrechnung zu senken.

Rankhilfen. Wem trotz der vorhergegangenen Ausführungen immer noch Zweifel bei der Wand- und Fassadenbegrünung bleiben, der sollte auf die ohnehin weitaus größere Gruppe derjenigen Kletterpflanzen zurückgreifen, die eine Stütze bzw. Rankhilfe benötigen. Wenn diese Rankhilfen von Anfang an so konzipiert werden, daß sie jederzeit abnehmbar sind, können alle Arbeiten an Mauer oder Fassade durchgeführt werden, ohne daß dabei der »grüne Pelz« zerstört werden muß.
Eine Möglichkeit ist es beispielsweise, das Rankgerüst nicht an die Mauer anzuschrauben, sondern dieses in Winkelhaken, die natürlich ausreichend stabil dimensioniert sein müssen, einzuhängen. Es ist allerdings darauf zu achten, daß das Rankgerüst nicht zu schwer ist, auch dann nicht, wenn es vollständig bewachsen ist. Bei größeren Flächen verwendet man besser mehrere Rankelemente.

Einjährige Kletterpflanzen wie *Ipomoea purpurea* eignen sich weniger zur großflächigen Fassadenbegrünung, sondern eher zum Beranken von Sichtschutzelementen, Mauern und Zäunen. Sie erbringen in einer Vegetationsperiode oft beachtliche Wachstumsleistungen, gehen aber spätestens mit den ersten Frösten im Herbst ein und müssen im nächsten Frühjahr neu ausgepflanzt werden.

Temperaturregelung im Sommer. Wärme, die wir ja im Winter suchen, wird im Sommer oft zur Belastung. Dies gilt besonders dann, wenn sich Räume tagsüber stark aufheizen und die angesammelte Wärme nachts nur langsam wieder abgegeben werden kann. Neben der Isolierung der Gebäudemauern und des Daches hängt der Grad der Erwärmung ganz wesentlich von den Fenstergrößen bzw. dem verglasten Anteil auf den Ost-, Süd- und Westseiten ab. Bei großen Fensterflächen gibt es im Sommer nur die Möglichkeit der Verschattung. Dies kann wiederum auf zweierlei Weise bewerkstelligt werden. Zum einen kommen technische Lösungen, wie etwa Rolladen, Markisen oder Jalousien, in Betracht; zum anderen Kletterpflanzen. Denkbar sind beispielsweise vor den Fensterläden angebrachte Pergolen, die man mit sommergrünen Kletterpflanzen beranken läßt. Dadurch hat man im Sommerhalbjahr den wohltuenden Schatten und im Winter wird die Sonne dann wieder zur Erwärmung und zur besseren Belichtung der Räume genutzt. Die Kletterpflanzen haben sogar gegenüber den technischen Lösungen den Vorteil der längeren Haltbarkeit und des günstigeren Anschaffungspreises. Zudem überzeugen die Kletterpflanzen oft auch mehr in gestalterischer Hinsicht.

Der Verdunstungseffekt. Aber nicht nur große Fensterflächen können im Sommer Probleme bereiten, auch Wandflächen heizen sich beim Auftreten der Sonnenstrahlen entsprechend auf und geben diese Wärme besonders in der Nacht mit in die Innenräume wieder ab. Eine geeignete Fassadenbegrünung mit Kletterpflanzen sorgt dafür, daß das Mauerwerk beschattet wird und sich demzufolge nicht so stark aufheizen kann. Die Temperatur der Pflanzenteile entspricht zudem höchstens den Werten der Lufttemperatur – eher ist er niedriger. Durch die Transpiration der Pflanzen wird Wasser verdunstet. Da hierzu Energie in Form von Wärme benötigt wird, führt dies zu einer Abkühlung der Umgebung. Diesen sogenannten Verdunstungseffekt kennt jeder, den es schon einmal, nachdem er aus dem Wasser gestiegen ist, leicht gefröstelt hat. Hinzu kommt, daß die warme Luft zwischen der Fassade und dem Kletterpflanzenpolster wie in einem Kamin aufsteigen und nach oben entweichen kann. Die Fassaden laden sich also tagsüber nicht übermäßig auf und die gewünschte Abkühlung der Mauerteile am Abend kann ungehindert einsetzen.

Schutz des Mauerwerks. Die Beschattung des Mauerwerks durch Fassadenbegrünung bringt zudem noch Vorteile für dessen Haltbarkeit. Bauphysikalische Spannungen, verursacht durch Temperaturextreme, entfallen weitgehend, so daß die Gebäudeteile weniger stark beansprucht werden.

Feuchte Gebäudeteile. Abgesehen von den oben beschriebenen Ausnahmen, verhindert die Fassadenbegrünung mit Kletterpflanzen im Allgemeinen die Ausbildung feuchter Wände. Durch das dichte Blattwerk wird ein Schlagregen abgehalten, denn das Wasser wird durch die Blätter aufgefangen und tropft nach unten ab. Dadurch bleibt die Fassade und das Mauerwerk relativ trocken. Mechanische Schäden, die beim Auftreffen der Wassertropfen bei starken Schlagregen entstehen können, unterbleiben. Putz und Mauerwerk erhalten also durch die Kletterpflanzen ei-

nen wirksamen Schutz, was sich günstig auf deren Haltbarkeit auswirkt. Das bedeutet aber auch nicht zuletzt, daß durch sinnvolle Kletterpflanzenverwendung Geld gespart werden kann.
Bei älteren Gebäuden können die Süd- und Westseiten vollständig berankt werden, wobei die untersten 0,5 bis 1 m der Ost- und Nordseiten freigehalten werden sollten, damit eine ausreichende Luftumspülung gewährleistet bleibt. Bei neuen Gebäuden, deren Wände nicht vollständig ausgetrocknet sind, wartet man besser, bis dieser Trocknungsvorgang abgeschlossen ist.

Lärmschutz. Positive Wirkungen sind zwar bei Begrünungen grundsätzlich vorhanden, aber nicht in großen Umfang. Selbst die Pflanzenpolster jahrzehntealter Fassadenbegrünungen verringern den Schall nur geringfügig.

Nutzpflanzen. Viele Kletterpflanzen sind nicht nur schön anzuschauen oder werden wegen ihrer bauphysikalischen Eigenschaften geschätzt sondern bringen auch wunderbare Früchte hervor. Neben der großen Gruppe der Spalierbäume, wie etwa Aprikose, Birne, Kirsche oder Zwetschge, wäre noch die Brombeere und nicht zuletzt die Weinrebe zu erwähnen, die sich nicht nur in den typischen Weinbaugegenden großer Beliebtheit erfreut. Aber auch in der Naturheilkunde sind einige Kletterpflanzen von Bedeutung.

Weinrebe. Die Weinrebe kann dabei als wahre Apotheke an der Hausfassade betrachtet werden. So hilft beispielsweise der Aufguß aus Weinrebenblättern bei Durchfall, Gicht oder Blutungen. Ähnliche Eigenschaften werden den zerriebenen Traubenkernen nachgesagt. Der Saft der unreifen Trauben kann zu einem Mittel verarbeitet werden, das bei Magen- und Darmproblemen sowie bei Gelbsucht hilft. Bekannt ist auch der Pflanzensaft, der im Frühling aus den jungen Ranken gewonnen wird. Dieser Pflanzensaft wird gerne bei Augenentzündungen verwendet. Darüber hinaus sind die Weintrauben vitaminreich, besonders an Vitamin A, B und C, sowie reich an Mineralstoffen. Traubensaftkuren werden deshalb gerne bei Fettleibigkeit, Leberbeschwerden oder Rheuma durchgeführt.

Brombeere. Auch die Brombeere kann bei vielen Krankheiten helfen. Der aus Brombeersaft durch das Hinzufügen von Zucker hergestellte Sirup lindert Halsschmerzen und hilft bei Anginaerkrankungen. Bei kleinen Kindern gibt man den Brombeersirup gegen Durchfall. Desweiteren kann aus den Blütenspitzen, den Blättern und der Rinde ein Absud hergestellt werden, von dem man bei Durchfall mehrere Tassen täglich trinkt. Bei Entzündungen des Zahnfleisches oder Halsschmerzen kann man den Absud auch als Gurgelwasser verwenden.

Hopfen. Der Hopfen wird in erster Linie mit der Bierherstellung in Verbindung gebracht. Doch auch in der Naturheilkunde ist er spätestens seit dem 16. Jahrhundert bekannt. Die Hopfentinktur wird gerne bei Schlaflosigkeit empfohlen, und der Hopfenaufguß hilft bei Appetitlosigkeit und Verdauungsstörungen. Dieser kurze medizinische Exkurs kann und soll jedoch nicht den Gang zum Arzt oder Apotheker ersetzen. Auch sollte bei starker Luftschadstoffbelastung auf die Verwendung der Früchte und sonstiger Pflanzenteile verzichtet werden.

Bei dieser Fassadenbegrünung mit Wildem Wein wurden zwei Arten verwendet: zum einen der selbstklimmende *Parthenocissus tricuspidata* 'Veitchii'und zum anderen *P. quinquefolia*, der sich an ersterem festhalten kann. Der Höhepunkt des Gartenjahres fällt bei diesem Grundstück in den Spätsommer, wenn das ganze Haus durch den sich verfärbenden Wilden Wein in ein leuchtenes Rot eingetaucht wird.

***Clematis* x *jackmanii* und die Kletterrose 'New Dawn' verwandeln die ansonsten doch recht unansehnliche Brandmauer in eine ansprechende Begrenzung dieser Sitzecke. Beide Kletterpflanzen sind so starkwüchsig, daß sie sich jede für sich gut behaupten können.**

Gestalterische Möglichkeiten. Die Gebäudefassaden stehen in direkter Beziehung mit ihrer Umgebung und beeinflussen diese allein schon wegen ihres Flächenanteiles am meisten. Bis zum Anfang unseres Jahrhunderts legte man daher auf die Ausgestaltung der Fassaden besonderen Wert. Sie waren Ausdruck der Schaffenskraft des Architekten und dienten der Repräsentation des Bauherrn. Beliebt waren unter anderem Stuckarbeiten, Steinmetzarbeiten (Figuren oder Gegenstände) sowie farbliche Gestaltungen. Heute sind solche handwerklich anspruchsvollen Arbeiten entweder nicht mehr bezahlbar oder sie entsprechen nicht dem architektonischen, städtebaulichen Zeitgeist.

Die Reduktion unserer heutigen Fassaden auf ihre reine Funktionalität stößt aber auf immer stärker werdende Ablehnung in der Bevölkerung. Die große Dichte unbefriedigender Fassaden in den Nachkriegsvierteln – diese Tendenz zeigt sich nicht nur bei Gebäuden aus den 50er und 60er Jahren, sondern reicht bis in die 70er – macht diese Städte unmenschlich und anonym. Dies ist nun ein Hauptbetätigungsbereich, wo man mit der großen Palette der Kletterpflanzen viel verbessern kann.

Zierelemente. Unschöne Gebäudeteile, die zwar konstruktiv notwendig sind, aber gestalterisch nicht überzeugen, kann man mit Kletterpflanzen teilweise bzw. ganzflächig überwachsen lassen und somit kaschieren.

Durch den gezielten Einsatz von Kletterpflanzen ist es auch möglich, ungünstige Gebäudeproportionen zu verbessern und Schönheitsfehler zu beseitigen. Zu hoch wirkende Gebäude werden optisch durch eine Sockelbepflanzung gedrückt, zu niedrige Baukörper können durch die Anordnung mehrerer schmaler, senkrechter Kletterpflanzenstreifen gestreckt werden.

Großflächige Fassaden, wie etwa Brandmauern, die durch keine Fensteröffnungen unterbrochen werden, lassen sich sehr schön durch Fassadenbegrünung gliedern. Auch eine vollständige Begrünung wirkt mit ihrer Blatt- und Geäststruktur allemal besser, als ein eintöniger, gleichmäßiger, vielleicht sogar grauer Anstrich.

Verbindungselemente. Kletterpflanzen haben desweiteren die Eigenschaft, harte Übergänge von Materialien oder Bauteilen aufzulockern und sie somit miteinander zu verbinden.

Farbakzente. Auch die Möglichkeit, mit den Kletterpflanzen Akzente bezüglich der Farbgebung zu setzen, sollte nicht unterschätzt werden. Man denke nur an die verschiedenen Blütenfarben und -formen, das grüne Blattwerk, das sich je nach Art und Sorte von Hellgrün beim Austrieb im Frühjahr über Dunkelgrün im Sommer bis zu Rot, Gelb und Braun während der Herbstfärbung ständig verändert und für Abwechslung sorgt. Einen besonderen Reiz verleiht auch das filigrane Astwerk, daß bei den sommergrünen Arten das Winterhalbjahr an der Fassade verschönert.

Natur am Haus. Grün am Gebäude oder in der Stadt hat in der heutigen Zeit auch eine zunehmend andere Qualität. Es vermittelt das Gefühl von Natur und Wildnis, Dinge, die im täglichen Leben immer häufiger fehlen, und läßt einen wieder einen Bezug zu den wechselnden Jahreszeiten herstellen. Das bedeutet, daß durch die Verwendung von Kletterpflanzen eine Gesamtqualität geschaffen wird, die sich insgesamt positiv auf die Bewohner auswirkt.

Fassadenabrundung. In den letzten Jahren knüpft man nun aber wieder zunehmend an eine Tradition der Kletterpflanzenverwendung an, die diese bei der architektonischen Gestaltung der Fassaden von Anfang mit integriert. Es gilt also nicht, mit Kletterpflanzen unschöne, mißlungene Bauteile zu verdecken, sondern im Gegenteil die bereits baulich befriedigende Fassade zu bereichern und abzurunden. Bauteile wie etwa Simse, Fenster oder Vorsprünge werden mit Kletterpflanzen zusätzlich hervorgehoben oder fließende Übergänge vom Gebäude zum freien Raum geschaffen. Diese Tradition kann man noch sehr schön an alten Bürgerhäusern aus der Gründerzeit studieren.

Übergänge. Hier können neben Rankgerüsten zum Beispiel auch Pergolen helfen, einladendere Übergänge zu schaffen. Man denke nur an die Terrassen, die zum Teil völlig unverhofft vor einer Wohnungstür auftauchen. Oft kommt man sich zudem noch wie auf dem Präsentierteller vor. Da kann selbst ein vorgepflanzter Baum nicht für richtige Abhilfe sorgen. Eine Pergola in Verbindung mit den entsprechenden Kletterpflanzen vermittelt dagegen zum einen ein Raumerlebnis, schafft Enge, Weite, Vordergrund und steigert gleichzeitig den Erlebniswert der angrenzenden Gartenflächen. So entsteht aus einer offenen Terrasse ein gemütlicher Wohnraum im Freien, der zwar Schutz und Geborgenheit vermittelt, aber trotzdem den Blick ins Freie noch zuläßt. In einem anderen Teil des Gartens stößt man auf ähnliche Situationen: im Vorgarten. Dieser meist nach Norden exponierte Bereich wird oft etwas lieblos behandelt und lädt dann nicht gerade zum Hineingehen ein. Rankelemente eignen sich auch hier, beispielsweise den Weg von der Grundstücksgrenze bis zur Haustür zu markieren und in Kombination mit einer attraktiven Bepflanzung eine einladende, begleitende Atmosphäre zu schaffen.

Umsetzung. Die Umsetzung einer Gestaltungsidee ist von einer gründlichen Planung abhängig. Hierfür benötigt man einen Plan der Fassade, am besten im Maßstab 1:20, in den das Rankgerüst eingezeichnet wird. Man kann auch eine vergrößerte Fotografie verwenden.

PRAHA

Bei dieser Pergola sorgen senkrechte Holzprofile für Stabilität und Leichtigkeit . Die Kletterrose 'Excelsa' gehört zu den alten, bewährten Sorten und zeichnet sich durch eine überreiche Blüte aus.

Technische Rankhilfen. Da die meisten unserer Kletterpflanzen keine Selbstklimmer sind und somit eine zusätzliche Rankhilfe benötigen, kommt dieser auch bei der Gestaltung der Fassaden ein wichtiger Stellenwert zu. Dies liegt auch daran, daß vom Zeitpunkt der Neuanlage bis zur vollständigen Berankung je nach Art zumindest einige Jahre verstreichen und somit das Rankgerüst am Anfang optisch dominant ist. Auch im ausgewachsenen Zustand der Kletterpflanzen tritt das Rankgerüst gestalterisch immer noch in Erscheinung; man denke nur an den unbelaubten Zustand im Winterhalbjahr oder daß Einjährige erst ab dem Frühjahr allmählich hochranken.

Formenvielfalt der Rankgerüste. Im einfachsten Fall besteht ein Rankgerüst aus senkrechten und waagerechten Latten und ordnet sich gestalterisch der Fassade unter. Bei großen, ungegliederten Flächen gibt es aber auch die Möglichkeit eine Scheinfassade zu entwerfen. Es können Bögen, Tore aus Rankgerüsten entstehen, die eventuell noch perspektivisch gearbeitet sind und somit von einem bestimmten Punkt aus eine besondere Raumwirkung erzeugen. Die Auswahl, die der Fachhandel anbietet, ist mittlerweile sehr groß und kaum noch zu übersehen. Daneben gibt es aber auch noch die Möglichkeit, sein Rankgerüst nach eigenen Ideen und Vorstellungen selbst zu bauen.

Statik. Bei der Rankgerüstkonstruktion sollte auch die Statik nicht aus den Augen verloren werden. Mit zunehmender Größe sind die Rankgerüste teilweise enormen Zugkräften durch den Wind und das Eigengewicht der Pflanzen ausgesetzt. Besonders bei der Befestigung an der Wand muß man deshalb unbedingt auf die gute Verdübelung achten. Bei den Befestigungselementen haben sich vor allem Schraubhaken bewährt, in die dann die Gerüste eingehängt werden können. Dadurch kann man jederzeit an die Fassade heran, ohne dabei die

△ Rankende Pflanzen halten sich mit ihren speziell ausgebildeten Rankorganen an senkrechten und waagerechten Elementen fest.

△ Windende Pflanzen bevorzugen senkrechte Elemente, an denen sie sich je nach Art im oder gegen den Uhrzeigersinn hochwinden können.

△ Spreizklimmer, beispielweise die Kletterrose, bevorzugen vor allem waagerechte Elemente, an denen die langen Triebe Halt finden.

Pflanzen oder die Konstruktion zu beschädigen.

Pflanzenansprüche. Die einzelnen Kletterpflanzengruppen haben unterschiedliche Ansprüche an eine Rankhilfe. Die Dicke des Materials, die Oberflächenbeschaffenheit und die Abstände der senkrechten und waagerechten Elemente müssen richtig gewählt werden.

Rankende Kletterpflanzen. Sie bevorzugen Gerüste aus waagerechten und senkrechten Latten, Stäben, Schnüren oder Drähten, wobei der Abstand untereinander nicht höher als 35 bis 40 cm liegen sollte. Auch eine diagonale Anordnung ist möglich.

Windende Kletterpflanzen. Diese Gruppe benötigt vor allem senkrechte Elemente. Dies können Latten, Stäbe, Schnüre oder Drähte sein. Wichtig dabei ist ein ausreichender Abstand von der Wand, daß sich die Pflanzen beim Hinaufwinden auf allen Seiten gut entwickeln können. Ein Abstand von mindestens 20 cm sollte eingehalten werden. Die senkrechten Rankhilfen dürfen auch untereinander nicht zu dicht angebracht werden. Ein Abstand von 30 bis 50 cm ist günstig.

Spreizklimmer. Sie brauchen zum erfolgreichen Klettern vor allem waagerechte Elemente. Der Abstand sollte nicht mehr als 40 bis 50 cm untereinander betragen. Der Wandabstand liegt zwischen 15 und 20 cm.

Stadtpflanzen. Kletterpflanzen in städtischen Bereichen mit begrenztem Wurzelraum, die an öffentliche Verkehrsräume, wie etwa Gehwege oder Zufahrten angrenzen, sind ständig gefährdet. Hier sollte man Vorsorge in Form von Schutzgittern oder erhöhten Pflanzbehältern treffen. Dadurch werden mechanische Beschädigungen der Triebe vermieden und der Boden behält im Wurzelbereich seine Durchlässigkeit für Wasser, Luft und Nährstoffe.

Holz gehört bei den Rankhilfen immer noch zu den beliebtesten und am häufigsten verwendeten Materialien. Die Abbildung zeigt einige der vielfältigen Verwendungsmöglichkeiten. Unterschiedliche Sicht- bzw. Windschutzelemente sind durch Pfosten aus Vierkanthölzern in gleichmäßige Felder gegliedert und mit einer einzügigen Pergola miteinander verbunden.

Materialien. Die Haltbarkeit der Materialien ist ein weiterer wichtiger Punkt. Kurzlebige Rankgerüste eigenen sich höchstens für einjährige Kletterpflanzen oder für sehr kleine Flächen im privaten Bereich. Besser ist es aber allemal, auf die Langlebigkeit des Materials zu achten. Es ist nämlich mehr als schade, wenn nach 5 oder 10 Jahren eine gerade sich voll entwickelte Kletterpflanze entfernt werden muß, nur weil das Gerüst bereits schadhaft ist. Zu den gebräuchlichsten Materialien zählen Holz, Metall und Kunststoffe, wobei bis nach dem 2. Weltkrieg nur Holz eine wesentliche Rolle als Rankhilfematerial spielte.

Holz. Als Material kommt Holz der Pflanze am nächsten. Es ist der älteste Werkstoff für Klettergerüste. Der Fachhandel bietet verschiedene Grundmodule, die auch untereinander kombiniert werden können. Holz hat aber auch den Vorteil, daß man aus ihm einfach und kostengünstig Klettergerüste selbst anfertigen kann. Am gebräuchlichsten ist hierfür die handelsübliche Dachlatte. Der Profilquerschnitt beträgt 24 mm × 48 mm. An Holzarten eignen sich etwa Fichte, Lärche oder Eiche. Auf tropische Harthölzer sollte man wegen der Bedrohung der Regenwälder besser verzichten.

Befestigung. Je nach Kletterpflanzenart bringt man die tragende Grundkonstruktion senkrecht oder waagerecht an der Wand an. Die Latten sollten nicht direkt auf der Fassade sitzen, sondern am besten mit Abstandhaltern befestigt werden. Schrauben und Dübel müssen dem Gesamtgewicht und den zu erwartenden Zugkräften durch Wind etc. entsprechend dimensioniert werden. Quer auf diese Grundkonstruktion werden anschließend die Latten geschraubt oder genagelt. Damit eine möglichst lange Haltbarkeit gewährleistet ist, sollte man gehobelte Latten mit gefasten Kanten verwenden. So kann das Niederschlagswasser besser abfließen und die Oberflächen trocknen wieder schneller ab. Aus demselben Grund vermeidet man möglichst waagerechte Schnittflächen. Besser ist es, man schneidet die senkrecht angeordneten Latten schräg ab. Alle Metallteile sollten zudem feuerverzinkt sein, wobei es bei den Abstandhaltern auch die Möglichkeit gibt, solche aus Kunststoff zu verwenden.

Imprägnierung. Die Einsatzmöglichkeiten von Imprägnieranstrichen ist eingeschränkt, da einige unter ihnen für Pflanzen giftige Stoffe absondern. Hierauf ist beim Kauf besonders zu achten. Neben dem konstruktiven Holzschutz bietet die Kessel- oder Wechseldruckimprägnierung die längste Haltbarkeit. Wichtig ist, daß die Imprägnierung erst nach dem fertigen Zuschnitt und vor dem Zusammenbau des Gerüsts erfolgt, da ansonsten die Schnittstellen immer noch Angriffsmöglichkeiten für Schädlinge und Witterungseinflüsse bieten.

Wenn Sie dünnere als die handelsüblichen Latten verwenden wollen oder müssen, kommt es besonders auf die völlige Astfreiheit an, denn sonst ist unter Umständen die Statik der Konstruktion gefährdet. Außerdem sind Astlöcher auch optisch nicht eine besondere Zierde.

Gestaltungsideen. Der Gestaltung sind beim Holz fast keine Grenzen gesetzt. Neben den einfachen Lattengerüsten können Ornamente oder Rundbögen angefertigt werden; man kann den Abstand der Latten untereinander auch variieren oder zwei bis drei Grundmotive einander abwechseln lassen. Ab einer Rankgerüsthöhe von 6 bis 7 m sollte man allerdings haltbarere und feuersichere Materialien als Holz verwenden – wie beispielsweise Metall.

Metall. Vorgefertigte Rankgitter aus Metall gibt es in vielen Ausführungen im Fachhandel. Auch beim Metall gilt, ähnlich wie beim Holz, daß Schäden, verursacht durch Witterungseinflüsse, hier Korrosion, von vornherein vermieden oder besser gesagt zeitlich hinausgezögert werden sollten. Eisen kann entweder mit einem Schutzanstrich behandelt werden, was den Nachteil hat, daß dieser nicht oder nur noch schlecht erneuert werden kann, wenn die Pflanzen ein gewisses Größenwachstum erreicht haben, oder man verwendet feuer- bzw. kaltverzinktes Material. Zusätzlich bietet eine Kunststoffummantelung, die auch die für Pflanzen nachteilige Wärmeableitung von Metall ausgleicht, besten Schutz. Solche Rankgerüste halten mehrere Jahrzehnte ohne daß sie dabei gepflegt werden müssen.

Aluminiumgitter. Nahezu unverwüstlich, jedoch nicht ganz billig sind die Rankgitter aus Aluminium. Eine kostengünstige Variante sind einfache Baustahlmatten. Günstige Maschenweiten liegen zwischen 10 cm × 20 cm und 15 cm × 15 cm. Die Dicke der Stäbe sollte 4 bis 6 cm betragen. Bei dieser Art von Rankgitter ist allerdings ein Schutzanstrich unumgänglich. Auch wer eine kürzere Lebensdauer in Kauf nimmt, ärgert sich sonst bestimmt über die immer wieder auftretenden Rostfahnen auf seiner Fassade.

Vielfältige Gestaltung. Rankgitter aus Metall haben den Vorteil, daß man mit ihnen filigrane, unaufdringliche Kletterhilfen an der Hand hat, die im Gegensatz zum Holz ein relativ geringes Eigengewicht haben. Die Gestaltungsmöglichkeiten sind natürlich auch beim Metall ungeheuer groß. Wer vorhat, größere Flächen mit einem Rankgitter zu versehen, sollte besser kleinere Einzelteile verwenden. Man kann diese erstens leichter anbringen und zweitens immer wieder die Konstruktion ergänzen bzw. neu anordnen.

Rundstähle. Für windende Kletterpflanzen kann man auch gut V2A Rundstähle verwenden. Sie sind in unterschiedlichen Dicken und Längen erhältlich und können in jede Richtung gebogen werden. Senkrecht angeordnete Stahlstäbe kann man zudem im unteren Bereich zu einem Wurzel- bzw. Stammschutzgitter aufbiegen.

Drähte als Rankgerüste. Neben den Rankgittern aus Metall gibt es auch noch die Möglichkeit, Drähte zu spannen. Diese sollten ebenso wie die Spannschlösser und Befestigungselemente verzinkt und eventuell kunststoffummantelt sein. Mit diesen Drähten lassen sich interessante Rankhilfen gestalten, die mit relativ einfachen Mitteln aus der zweidimensionalen Wand in den Raum treten können, wie etwa als Verbindung zweier Gebäude. Desweiteren sind Kombinationen aus waagerechten Metalldrähten und dünnen Holzleisten oder Bambusstangen denkbar. Dies gibt dem Holz eine gewisse Leichtigkeit. Die senkrechten Holzleisten sollten einen Querschnitt von etwa 1 cm × 2 cm haben. Sie werden dann mit einem dünnen Draht befestigt. Ein günstiger Abstand untereinander liegt zwischen 30 und 40 cm. Die waagerechten Drähte können dabei bis zu 50 m lang sein.

Kunststoffe. Neben den Metalldrähten gibt es im Handel auch noch Rankseile aus Kunststoff. Die Oberfläche ist aufgerauht, manche besitzen sogar in regelmäßig angeordneten Abständen Verdickungen bis zu 1 cm, damit die Pflanzen nicht so leicht abrutschen können.

Freistehende Rankhilfen aus Metall können entweder aus handelsüblichem Maschendraht (oben mit Holzrahmen abgebildet) oder aus gespannten Drähten (unten) hergestellt werden. Neben ästhetischen Gesichtspunkten hängt die Entscheidung ganz wesentlich von der Wuchsweise der gewünschten Kletterpflanze ab. Die obere Variante eignet sich eher für rankende Pflanzen, die untere dagegen für Spreizklimmer.

Rankhilfen aus Kunststoff kann man entweder als vorgefertigte Gitter (oben) oder als Rankseile (unten) im Fachhandel beziehen. Hiervon abhängig ist auch die Art und Weise der Befestigung. Das Gitter hängt man sinnvollerweise in einfache Schraubhaken ein, so daß es bei Bedarf auch einmal problemlos abgenommen werden kann. Die Rankseile benötigen zusätzlich sogenannte Spannschlösser, da sie ansonsten durch die Wärmeausdehnung mit der Zeit durchhängen würden.

***Pyracantha coccinea*, der Feuerdorn, kann neben seiner Verwendung als freiwachsender Strauch auch am Spalier gezogen werden. Besonders eindrucksvoll sin die orangen bzw. gelben Früchte, die sich bis in den Winter hinein halten.**

Gestaltungsideen mit Kunststoff-Seilen. Für windende Kletterpflanzenarten, wie zum Beispiel Geißblatt *(Lonicera)*, Clematis, Wein *(Vitis)* oder Pfeifenwinde *(Aristolochia macrophylla)* ordnet man die Seile senkrecht oder diagonal an. Der Abstand sollte nicht größer als 30 cm sein, da sonst keine flächige Wirkung mehr erzielt wird. Waagerecht gespannte Seile eignen sich auch für Gehölze, die streng genommen nicht zu den Kletterpflanzen zählen. Die Triebe etwa von Feuerdorn *(Pyracantha)*, Brombeere *(Rubus henryi)* oder Rosenquitte *(Chaenomeles speciosa)* werden einfach hinter die Seile gesteckt und bedecken mit der Zeit große Flächen. Wenn der Abstand der Seile nicht zu groß ist, etwa zwischen 25 und 30 cm, entfällt ein zusätzliches Anbinden. Bei Bedarf werden die zu weit nach vorne wegstehenden Triebe einfach mit der Heckenschere zurückgeschnitten.

Andere Rankhilfen. Nicht immer muß für Kletterpflanzen, die eine Rankhilfe benötigen ein eigenes Rankgerüst angefertigt werden. An den Gebäuden finden sich oft konstruktive Teile, die auch die Kletterpflanzen nutzen können. Hierzu zählen beispielsweise Fallrohre der Dachentwässerung, Balkonstützen, Vordachkonstruktionen oder Stützbalken. Diese Elemente haben allerdings teilweise den Nachteil, daß sie zu dick oder glatt sind, und von einigen Kletterpflanzenarten nicht ohne weiteres angenommen werden. Hier reicht es oft aus, wenn man am Anfang etwas Hilfestellung gibt und die Triebe mit Bast unterstützend festbindet.

Verbindet man solche architektonischen Elemente mit Rankgerüsten, lassen sich die verschiedensten interessanten Kombinationen gestalten.

Kombinationen. Bei der Materialauswahl für Rankgerüste sind auch Kombinationen verschiedener Materialien möglich. Bauphysikalische und gestalterische Vorteile können sich ergänzen und eröffnen neue Möglichkeiten. Abzuraten ist allerdings von einer eher willkürlichen Anhäufung unterschiedlichster Materialien. Diese Kombinationen wirken in der Regel nicht überzeugend. Gute Kombinationen lassen sich beispielsweise aus Holz und Kunststoff erreichen. Mit Bambusstangen kann mit relativ einfachen Mitteln ein Rankgerüst gebaut werden. Diese sind in verschiedenen Längen in jedem Bau- oder Heimwerkermarkt erhältlich. Wem die Rundlinge zu kostspielig erscheinen, kann diese auch der Länge nach halbieren. Die Bambusstangen werden als senkrechte Trägerelemente dann an die zur Verfügung stehende Wand geschraubt und gedübelt. Dabei ist darauf zu achten, daß die Löcher in den Bambusstangen vorgebohrt werden, da ansonsten die Gefahr besteht, daß das Holz splittert. Kleine Holzstückchen können als Abstandshalter zwischen Wand und Bambusstange dienen. Danach spannt man waagerecht Rankseile aus Kunststoff. Der Abstand sollte zwischen 30 und 40 cm liegen. Weitere geeignete Kombinationen wären Metallträger und Holzlatten oder die Verwendung zweier verschiedener Holzarten. Bei größeren Wandflächen kann man Kletterpflanzen an unterschiedlichen Rankelementen emporwachsen lassen. Wichtig ist es, daß sich die einzelnen Elemente einer Gesamtidee unterordnen.

Befestigungselemente. Neben dem Rankgerüstmaterial kommt auch den Befestigungselementen, was die Stabilität und Haltbarkeit betrifft, eine große Bedeutung zu. Sie sind in der Regel aus Metall und sollten verzinkt sein. In Frage kommen Schraubhaken, Winkeleisen, Scharniere zum Klappen, Schrauben oder Bindedraht. Für die Befestigung in der Wand bietet der Handel spezielle Dübel aus Kunststoff oder Messing an, die auf die spezifischen Belastungen ausgelegt sind. Neben der reinen Funktionalität treten die Befestigungselemente natürlich auch optisch in Erscheinung und sollten daher zur Fassade und zum Rankgerüst passen.

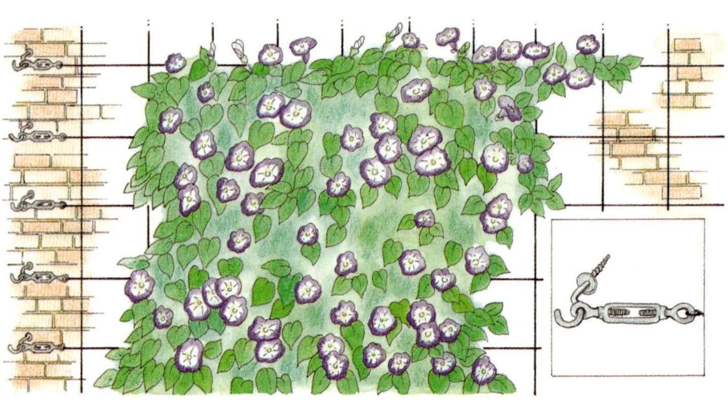

***Polygonum aubertii*, der Schlingknöterich, ist überaus starkwüchsig. Wer diese Pflanze für seine Pergola auswählt, sollte bedenken, daß er innerhalb von kürzester Zeit im Schatten sitzen wird. Wer länger in der Sonne bleiben möchte, sollte auf eher schwachwüchsige Kletterpflanzen zurückgreifen.**

Kletterosen geben einer Pergola eine ganz besondere Note. Neben der meist reichhaltigen Blüte kommt die Konstruktion der Pergola auch noch nach Jahren zur Geltung.

liegt bei 2,40 m. Unter Berücksichtigung des Fundaments, das etwa 50 bis 60 cm betragen sollte, erhält man somit eine Gesamtpfostenlänge von 2,90 bis 3 m. Das eigentliche Fundament wird auf Frosttiefe ausgehoben, mit Fertigbeton lagenweise verfüllt und mit einem Rundholz festgestampft. Die Pfosten müssen im Fundament genau ausgerichtet werden und eventuell seitlich abgestützt werden, da ein nachträgliches Korrigieren nicht mehr möglich ist. Nach 3 bis 4 Tagen ist dann der Beton im Fundament soweit abgebunden und verfestigt, daß die Oberzüge und Pfetten aus Beton darauf montiert werden können. Pergolen aus Beton wirken immer etwas massiv und sollten daher mit raschwachsenden Kletterpflanzen begrünt werden.

Kombination mit Holz. Einfach in der Herstellung und reizvoll in der Gestaltung sind auch Kombinationen aus Beton und Holz. Auf Betonpfosten lassen sich beispielsweise sehr gut Rundhölzer als Pfetten verarbeiten. Hierzu empfiehlt es sich, die Betonpfosten an ihrem oberen Ende mit einer 10 bis 15cm tiefen Kerbe zu versehen, in die die Rundhölzer eingelassen werden können. Diese Kerbe sichert die seitliche Stabilität und durch das Auflagegewicht der Rundhölzer erübrigt sich eine weitere Befestigung.

Naturstein. Für die Pergolenpfosten kann neben Beton auch Naturstein verwendet werden. Man nennt diese Natursteine in der Fachsprache Monolithen. Gegenüber dem Beton haben sie den Nachteil, daß sie von der Anschaffung her erheblich teurer sind. Gestalterisch sind die Monolithen dem Beton bei weitem überlegen. An Natursteinen eignen sich Granit, Ruhrsandstein und roter Sandstein. Kalksteine oder Tuff sind wegen ihrer eingeschränkten Witterungsbeständigkeit nicht zu empfehlen.

Metall an Pergolen. Metall als Baumaterial für Pergolen findet man in letzter Zeit öfter in größeren Wohnanlagen oder als Stützelemente für Lauben. Pergolen ganz aus Metall sind dagegen eher selten. Metall bietet gegenüber Holz den Vorteil, daß die einzelnen Elemente nicht so stark dimensioniert werden müssen. Das gibt den Konstruktionen eine gewisse Leichtigkeit. Auf der anderen Seite verschwindet die Pergola optisch mit den Jahren, wenn die Kletterpflanzen eine gewisse Üppigkeit entwikkelt haben. Oft findet man auch Kombinationen, das bedeutet das beispielsweise die Metallstützen mit Holzauflagen versehen werden. Das hat den Vorteil, daß die besonders stark der Feuchtigkeit ausgesetzten Bauteile am Pergolenfuß durch Feuerverzinkung und Anstrich eine längere Lebensdauer haben.

Auswahl der Pflanzen. Bei der Pflanzenauswahl greift man auf die Gruppe der rankenden und windenden Arten zurück. Auch Kletterrosen können bei ausreichend Platz und guter Besonnung verwendet werden. Auf Grund des nicht allzu großen Längenwachstums können mit Rosen nur geringe Spannweiten überbrückt werden. Ganz allgemein gilt, daß man wegen der oft dicken Stützen und Auflageelemente unter Umständen am Anfang etwas nachhelfen und die Pflanzen anbinden muß. Dabei braucht man sich nicht ausschließlich auf eine Pflanzenart zu beschränken. Kombinationen mit ausdauernden Pflanzen, wie etwa Pfeifenwinde *(Aristolochia)* und Geißblatt *(Lonicera)* können zusätzlich durch einjährige Kletterpflanzen ergänzt werden.

Eine Gartenlaube ist immer ein besonderer Anziehungspunkt im Garten. Bis man jedoch eine wie rechts gezeigte Laube aus *Fagus silvatica* (Weißbuche) erhält, braucht man schon etliche Jahre. Neben viel Geduld ist auch noch entsprechendes gärtnerisches Fingerspitzengefühl notwendig, denn der Schnitt und das Leiten und Lenken von Gehölzen will gekonnt sein.

Gartenlauben waren bereits im vorigen Jahrhundert sehr beliebte Gartenelemente. Die filigranen Konstruktionen aus Metall oder Holz läßt man dabei vollständig mit Kletterpflanzen überwachsen. Die Grundfläche sollte so gewählt werden, daß genügend Platz für Tisch und Stühle ist. Die Gartenlaube wird somit zu einem einfachen Zimmer im Grünen. Bei starker Sonneneinstrahlung, Wind oder sogar leichtem Regen bildet das Blätterdach einen wirksamen Schutz. Gartenhäuschen oder Pavillons sind Weiterentwicklungen der Laube und bieten durch die aufwendigere Bauweise besseren Schutz.

Die Pflanzenverwendung. Stärker verbreitet als bei uns ist die Gartenlaube in den südlicheren Regionen. Dies hat natürlich auch Einfluß auf die Pflanzenverwendung. Bedient man sich im milden Klima der Mittelmeerländer häufig des echten Weins *(Vitis vinifera)*, so findet man in Asien häufig den Blauregen *(Wisteria)* und in Mittelamerika die Glockenrebe *(Cobaea scandens)*. Von der Auswahl der Pflanzen hängt nicht zuletzt die Schattenwirkung ab. Dicht wachsende, großblättrige Arten wie etwa die Pfeifenwinde beschatten das Laubeninnere viel stärker als etwa die Waldrebe. Ganze Laubengänge findet man besonders in den großen, historischen Gartenanlagen. Während der Renaissance und des Barocks gab man sich viel Mühe, kunstvolle Laubengänge anzulegen, die meist auf einen zentralen Punkt der Anlage führten. Die Verwendung von Laubengängen ist jedoch nur bei großzügigen Gärten sinnvoll. Es kann dadurch eine gewisse Spannung erzeugt werden, da der Zielpunkt nicht von vorne herein voll einsehbar ist. Zudem bietet es sich an, reizvolle seitliche Ausblicke zu nutzen. Zum Beranken können neben Kletterpflanzen auch andere Laubgehölze, wie etwa der falsche Jasmin verwendet werden. Die Pflege, insbesondere die Wuchslenkung und der Schnitt, ist dabei aber sehr viel aufwendiger. An den Seitenteilen machen sich reichblühende Kletterpflanzen, wie etwa Kletterrosen besonders gut.

Rankgirlanden. Leider ist diese besondere Art von Rankelement heute nicht mehr häufig anzutreffen. Mit Hilfe von Rankgirlanden lassen sich sehr schön Gartenwege oder Eingangsbereiche betonen, ohne dabei die Umgebung auszugrenzen. Die Rankgirlande besteht zum einen aus Pfosten, die wie bei einer Pergola im Abstand von 3 bis 4 m aufgestellt werden und dazwischengespannten Seilen. Für die Pfosten eignen sich Holz, Metall, Beton, Naturstein oder Beton. Für die Seile verwendet man imprägnierte Taue oder Kunststofftaue, die nach Bedarf mit einem Metallkern verstärkt werden können. Metall eignet sich weniger, da die großen Temperaturunterschiede sich hemmend auf das Pflanzenwachstum auswirken. Bei den Pfosten ist besonders auf die Stabilität zu achten, da die berankten Spannseile sehr große Zugkräfte verursachen. Zur Begrünung eignen sich besonders der Blauregen und Kletterrosen, die bei den Seilen später den Eindruck von Blumengirlanden vermitteln.

Platzsparende Rankgerüste. Im modernen Hausgarten muß sehr oft mangels Fläche sehr sparsam mit dem zur Verfügung stehenden Platz umgegangen werden. Das bedeutet, daß für einen ausreichenden Sichtschutz eine freiwachsende Blütenstrauchhecke ausscheidet. Rein technische Lösungen haben auf der anderen Seite oft den Nachteil, daß sie schlecht integrierbar sind und zudem den freien Raum noch kleiner erscheinen lassen. Man denke nur an hohe Mauern oder Sichtschutzwände. Freistehende Rankgerüste aus Holz, Rankgitter, Zäune oder gespannte Drähte, die man beranken läßt, erfüllen ebenso einen ausreichenden Sichtschutz bei minimalem Raumanspruch und stellen eine nicht zu harte Grenzziehung dar. Man kann diese Elemente auch mit Pergolen oder Nebengebäuden verbinden. Zu bedenken ist bei der Pflanzenauswahl, daß Einjährige und Stauden im Frühjahr eine gewisse Anlaufzeit benötigen, um einen vollständigen Sichtschutz zu gewährleisten. Immergrüne Arten, wie etwa der Efeu oder einige Geißblattarten *(Lonicera)* schützen auch im Winter vor unerwünschten Blikken.

Natürliche Rankhilfen. In Anlehnung an die natürliche Verbreitung von Kletterpflanzen kann man mit ihnen auch im Garten schöne gestalterische Akzente setzen. Abgestorbene Bäume sollten nicht unbesehen der Säge zum Opfer fallen. An ihnen hochwachsende Kletterpflanzen können ihn zu neuem Glanz erwekken. Darüber hinaus ist dies auch ein praktischer Beitrag zum Naturschutz, da Totholz ein wichtiger Lebensraum für viele Insekten und höhlenbrütende Vogelarten ist. Man braucht sich jedoch bei der Suche nach Anwendungsmöglichkeiten nicht nur auf abgestorbene Bäume beschränken. Gesunde, große Laubbäume eignen sich ebenfalls. Dabei sollte man aber beachten, daß das Verhältnis Baum zu Kletterpflanze ausgewogen ist, so daß der Baum nicht vollständig von der Kletterpflanze überwachsen und somit dauerhaft geschädigt wird.

Künstliche Rankhilfen. Wer keinen geeigneten Baum im Garten zur Verfügung hat, kann mittels freistehender Rankelemente ähnliche Effekte erzielen. Der Fachhandel bietet beispielsweise sogenannte Kletterpyramiden an. Sie bestehen aus Metallringen und -stäben und bieten für Kletterrosen, Geißblatt *(Lonicera)* oder auch einjährige Kletterpflanzen wie etwa Glockenrebe oder wohlriechende Wicke ideale Wuchsmöglichkeiten. Die Triebe werden in der Mitte nach oben geführt und schon nach kurzer Zeit, tritt die Rankhilfe nicht mehr in Erscheinung. Seitentriebe, die zu lang werden, schneidet man entweder zurück oder schiebt sie zwischen die Ringe. Das Anbinden entfällt. Derartige freistehende Rankgerüste können gut als Leitelemente in Stauden- und Sommerblumenbeeten oder in Rasenflächen verwendet werden.

Kriechende Kletterpflanzen. Kletterpflanzen müssen nicht immer, wie ihr Name vermuten läßt, nach oben klettern, sondern können zum Teil auch kriechend am Boden wachsen. Dabei bedecken sie oft große zusammenhängende Flächen und sind so mit den gängigen Bodendeckern vergleichbar.
Für halbschattige und schattige Bereiche eignen sich besonders die Kletterhortensie *(Hydrangea petiolaris)* sowie verschiedene Formen des Efeus, wie etwa der Großblättrige Efeu *(Hedera helix* 'Arborescens') oder der Zwergefeu *(Hedera helix* 'Conglomerata'). Gerade der Efeu ist sogar imstande, trockene schattige Bereiche im Haus, wie etwa unter großen Dachüberständen oder Treppenaufgängen, also die Problembereiche im Garten, von einem günstigen Standort aus vollständig zu überwachsen.

Rankhilfen müssen durchaus nicht immer einfache Lattengerüste sein, sondern können auch einmal etwas aufwendiger gestaltet werden, wie das linke Beispiel zeigt. Den Rosenbogen (rechts) findet man traditionellerweise in vielen Bauerngärten. Er paßt aber auch in andere Umgebungen und schafft einen angenehmen Eingangsbereich.

Eine beliebte Spalierform ist die U-Form, wie sie das abgebildete Birnenspalier zeigt. Der Holzlattenzaun mit vorgepflanztem Phlox rundet die ganze Situation sehr schön ab.

Obstspaliere müssen nicht immer an einer Hauswand oder Mauer angebracht sein. Das freistehende Spalier macht man sich beispielsweise seit längerem im erwerbsmäßigen Obstanbau zunutze. Die Abbildung zeigt einen Kordon oder Schnurbaum mit durchgehendem Leittrieb und waagerechten Seitentrieben.

Bei Obstspalieren handelt es sich um eine Sonderform der Kletterpflanzenverwendung. Neben den gestalterischen Aspekten war es vor allem der Nutzen an qualitativ hochwertigen Früchten, der die Menschen auf diese Kultivierungsform brachte. Die zum Teil sehr kunstvoll gezogenen Obstspaliere fügten sich beispielsweise hervorragend in die Konzeption der Renaissance- und Barockgärten ein. Später wurde mehr der praktische Nutzen gesehen, sich selbst noch auf kleinstem Raum mit frischem Obst aus dem eigenen Garten zu versorgen. Und in den traditionellen landwirtschaftlichen Gegenden finden sich heute immer noch zahlreiche schöne Obstspaliere. Sie zieren entweder die Südseite des Wohnhauses oder bedecken die ganze Giebelseite der Nebengebäude. Dies kommt nicht von ungefähr. Man hatte bereits sehr früh erkannt, daß der Spalierobstbau dem Anbau im Freistand in einigen Punkten überlegen war. Da man in der Regel Süd- bzw. Westseiten bevorzugte, diente die dahinterliegende Wand gleichzeitig als Windschutz und Wärmespeicher. Dieser Umstand kommt besonders den späten Sorten und den etwas empfindlicheren Arten entgegen. Außerdem ist der Fruchtzuckergehalt höher. Durch den regelmäßigen Schnitt und die geringe Tiefenentwicklung beschatten sich die Blätter nicht gegenseitig und die Assimilation verläuft optimal. Desweiteren wird dadurch ein Überaltern mit dem dadurch verbundenen, nachlassenden Ertrag sozusagen automatisch verhindert.
Bei drohender Spätfrostgefahr sind die Spalierbäume durch die Wand geschützter und können gleichzeitig besser zusätzlich geschützt werden.
Daneben ist ein gepflegtes Obstbaumspalier eine Zierde für fast jedes Haus. Man denke nur an die Blütenpracht im Frühjahr. Ausnahmen bei der Verwendung von Obstbaumspalieren bilden etwa sehr technisch orientierte Gebäude, denkmalgeschützte Gebäude, bei denen nachweislich kein Spalier bekannt ist oder Gebäude in städtischen Lebensräumen mit belasteter Luft.

Spaliergehölze. Unter den heimischen Obstbäumen eignen sich eigentlich alle, wobei der Apfel nur eingeschränkt verwendet werden kann, da er sich dem ständigen Schnitt nicht so gerne unterordnet. Besonders gute Erfolge dagegen erzielt man mit der Birne, vor allem mit den späten Sorten. Desweiteren werden noch Aprikosen, Pfirsiche, Sauerkirschen oder Weinreben als Spalierhölzer angeboten.
Die untenstehende Tabelle führt die besten Apfelsorten für Spalierkultur auf, die auf S. 145 die besten Birnensorten. Näheres zu den für das Spalier geeigneten Obstsorten finden Sie auf den Seiten 74–87.

Apfelsorten für die Kultur am Spalier

Sorte	Blüte[1] Pollen[2]	Pflück- Genuß-	Fruchtbeschaffenheit, Größe[3], Aussehen, Geschmack	Ertrag[4]	Wuchs[5]	Frostempfindlichkeit[6] Blüte	Holz	Bemerkungen
Signe Tillisch	mf +	9/10–11	gr – sgr, weißgelb, leicht gerötet, hochfein gewürzt, aromatisch	h	m	m	m	für fruchtbare Lehmböden, kühle Lage
Berner Rosenapfel	mf +	10/11–2	m, eiförmig-rundlich dunkelrot, bläulich bereift, leicht gewürzt, süßweinig	h regelmäßig	st hochgehend	m	g	wärmeliebend, tiefgründige Böden, Höhenwachstum beschränken
Fromms Goldrenette	mf –	10/11–3	m, plattrund, zitronengelb, saftreich, hochwertig	h	st breitkronig	m	g	auch für höhere Lagen (Mittelgebirge) geeignet
Nordhausen	mf +	10/11–4	m, stumpf eiförmig, hellgrün bis gelb mit roter Backe, saftig, hochfein, säuerlich, würzig	h regelmäßig	m breit	m	g	humose, durchlässige Böden bis 800 m Höhe

Erläuterungen: [1]) m = mittelfrüh; [2]) + = gut, diploid, – = schlecht, triploid; [3]) m = mittel, gr = groß, sgr = sehr groß; [4]) h = hoch; [5]) m = mittel, st = stark; [6]) m = mittel, g = groß

Wintergärten und Glashäuser gerieten lange Zeit in Vergessenheit. In den letzten Jahren erfreuen sie sich jedoch wieder einer stärkeren Beliebtheit. Dabei geht es nicht nur um eine Modeerscheinung oder eine architektonische Spielerei mit großen Glasflächen, sondern um die Optimierung des Gebäudes bezüglich seines Wärmehaushaltes und seiner Belichtung.

Licht und Wärme. Licht und Wärme gehören zu den Grundsehnsüchten der Menschen, und nachdem die öffentliche Diskussion der letzten Jahre deutlich gezeigt hat, daß Energie nicht unbegrenzt vorhanden ist und umso teurer wird, je knapper sie ist, versucht man nun auch wieder in der Architektur den Wohnstandort optimal auszunutzen. Dies bedeutet, daß die konstruktiven Teile nicht nur aus dem Blickwinkel der Statik und der sparsamen Verwendung von Baumaterial gesehen werden. Ähnliches gilt für die Grundrißaufteilung, die Anordnung sinnvoller Funktionsabläufe oder die Orientierung des Gebäudes auf der zur Verfügung stehenden Grundstücksfläche.

Wärmeoptimierung. Im Gegensatz zu den südlichen Breiten, wo Wärme und Licht im Überfluß vorhanden sind und dieser Reichtum leicht zum Problem wird, gilt es für die gemäßigten Breiten eher ein Wärmedefizit auszugleichen. Durch die richtige Verwendung und Anordnung von Bauteilen hat man nun die Möglichkeit, die Sonnenenergie in Form von kurzwelligen Strahlen einzufangen und für sich nutzbar zu machen. Die sich bei der Absorption von Mauern und Wänden bildende langwellige Wärmestrahlung entweicht nämlich sehr viel langsamer, wodurch der sogenannte Treibhauseffekt entsteht. Dieser Begriff ist zwar zur Zeit negativ belastet und wird sofort mit der uns drohenden Klimakatastrophe in Verbindung gebracht. In bestimmten Bereichen ist jedoch eine stärkere Erwärmung gegenüber der Umgebung erwünscht. Dieses Wissen macht man sich beispielsweise im Erwerbsgartenbau seit langem zunutze.

Solarenergie. Diese Form der Energienutzung nennt man passive Solarenergienutzung. Die Wirkung verspürt man bereits bei größeren Süd- oder Westfenstern. Richtig zur Geltung kommt die passive Solarenergie allerdings erst bei den Glashäusern und den Anlehnglashäusern oder auch Wintergärten. Während der Übergangszeiten und des Winterhalbjahres wird dabei die Sonnenenergie in Wärme umgewandelt und trägt somit zu dessen Erwärmung bei.

Niedrigere Heizkosten. An einem sonnigen Wintertag kann es auch schon einmal vorkommen, daß ein Überschuß an Wärme produziert wird, der dann ins Kernhaus abgeführt wird. Hier wirken dann die Steinmauern als Speicherelemente, und sie können dann die Wärme später in der Nacht wieder abgeben. Durch eine entsprechende Isolierverglasung kann zudem der Wärmeverlust der Glasflächen bei fehlender Sonneneinstrahlung minimiert werden. Dies alles wirkt sich teilweise ganz erheblich auf die Heizkostenrechnung aus. Denselben Effekt, wenn auch abgeschwächt, erzielt man bei bedecktem Himmel. Die diffusen Himmelsstrahlen sind ungerichtet und können nur bedingt genutzt werden.

Energiespeicherung. Bei der Planung von Wintergärten gehen immer mehr Architekten dazu über, die Gesamtenergiesituation eines Gebäudes unter Ausnutzung der passiven Solarenergie zu optimieren. Bei diesem Versuch stößt man immer auf dasselbe Problem. Die Energie, die durch den Wintergarten in Form von Wärme entsteht, fällt meist dann in großen Mengen an, wenn sie nicht unbedingt benötigt wird. In der Nacht oder am Abend, wenn Wärmezufuhr erwünscht ist, wird logischerweise auf Grund der fehlenden Sonneneinstrahlung keine Energie erzeugt. Es gilt also die Energie, wenn sie in großen Mengen im Überfluß entsteht, so zu speichern, daß sie in Energiemangelzeiten mehr oder weniger uneingeschränkt zur Verfügung steht.

Speicherelemente. Oft reicht die Speichermasse der vorhandenen massiven Gebäudeteile, also im wesentlichen Wände, Decken und Mauern nicht aus, so daß ein zusätzliches Speicherelement eingeplant werden muß. Diese Aufgabe können beispielsweise große Kieskörper, die unter dem Wintergarten oder Teilen des Gebäudes angelegt werden. Durch sie streicht über ein ausgeklügeltes Belüftungssystem in Energieüberschußzeiten die erwärmte Luft, so daß sich die Kieselsteine ständig mit Wärme, ähnlich einem Akku, aufladen können. Sinkt dann im Laufe des abends beispielsweise die Außentemperatur und somit auch die Innenraumtemperatur, erwärmt sich die den Kieskörper durchstreichende Luft. Die gespeicherte Energie in den Kieselsteinen wird somit zum richtigen Zeitpunkt an die Innenluft abgegeben und trägt zur Erwärmung der Räume bei. Gerade bei Neubauten sollten daher alle Möglichkeiten zum Einsatz der passiven Solarenergie genutzt werden, um die Verwendung von Fremdenergie, wie etwa Heizöl, Gas oder Strom, zu minimieren. Da die erwähnten Vorteile, eventuell in Kombination mit einer aktiven Sonnenenergienutzung über Solarzellen, nur bei optimaler Planung zur Geltung kommen, sollte man sich diesbezüglich von einem Fachmann eingehend beraten lassen.

Aufheizeffekte im Sommer. Während des Sommerhalbjahres kann sich jedoch dieser Effekt rasch verstärken und in seiner Wirkung ins Gegenteil umkehren. Die Glashäuser heizen sich tagsüber so stark auf, daß die Wärme nicht mehr ohne weiteres abgeführt werden kann und entwickelt sich zur Last. Diese Problematik gilt es bereits frühzeitig zu erkennen und darauf entsprechend zu reagieren. Architekten aus den Anfängen unseres Jahrhunderts schlugen daher temporäre Verglasungen vor, die im Sommer ausgehängt werden können. Bei Wintergärten versucht man heute mit Lüftungsklappen oder Schattierungen die unerwünschten Aufheizungen zu verhindern oder zumindest abzumildern.

Schattierung mit Pflanzen. Gerade hier können aber auch Kletterpflanzen sozusagen helfend eingreifen. Begrünte Wintergärten laden sich durch die Beschattung der Glasflächen weniger stark auf. Durch die Verdunstung wird zudem die Luftfeuchtigkeit erhöht und Verdunstungskälte hervorgerufen, also letztendlich Energie gebunden. Dieser Effekt ist natürlich nur während der warmen Jahreszeit erwünscht. Man verwendet daher für diesen Zweck ausschließlich sommergrüne Kletterpflanzen. Diese werfen im Herbst ihre Blätter ab und lassen dann bis zum Neuaustrieb im Frühjahr die wärmenden Sonnenstrahlen ungehindert ins Innere des Wintergartens oder Glashauses.

Rankhilfen. Als Rankhilfen eignen sich Drähte und Schnüre, die in einem Abstand von mindestens 5 bis 10 cm von der Verglasung angebracht werden. Besteht die Rahmenkonstruktion des Wintergartens aus Aluminium oder Metall, so können sich die Pflanzen darauf nicht festhalten bzw. daran hochranken. Bei Holzrahmen besteht die Möglichkeit, in einem gewissen Abstand eine zweite Holzkonstruktion anzubringen und als Rankgerüst zu verwenden.

Kletterpflanzen für schattige Plätze und Temperaturen über 12°

Philodendren	*Philodendron elegans* *Philodendron erubescens* *Philodendron scandens*
Kastanienwein	*Tetrastigma voinierianum*
Kletterfikus	*Ficus pumila*
Klimme	*Cissus antartica*
Dreimasterblume	*Tradescantia fluminensis*
Zebrakraut	*Zebrina pendula* (hängend)

Tradescantia fluminensis und *Zebrina pendula* vertragen auch mehr Sonne.

Mechanische Schattierung. Allerdings ist die Schattierung von Wintergärten und Glashäusern mit Kletterpflanzen als unterstützendes Element anzusehen. Technische Möglichkeiten zur Schattierung, wie etwa Jalousien oder Rollos, sowie ausreichend dimensionierte Lüftungsschlitze sollten zusätzlich zur Verfügung stehen. Die Kletterpflanzenverwendung sollte aber von vornherein als konstruktives Element in die Gesamtkonzeption miteinbezogen und nicht als nachträgliche, optisch recht hübsche Garnierung verstanden werden.

Pflanzen in Warmhäusern. Neben dem Beranken von Glashäusern von außen eröffnen sich für den Pflanzenliebhaber im Inneren zahlreiche Möglichkeiten der Kletterpflanzenverwendung. Kann das Glashaus im Winter beheizt werden, gibt es bei der Pflanzenverwendung kaum Einschränkungen. Neben der Schattierung und den Lüftungsmöglichkeiten ist eine ausreichende Luftfeuchtigkeit Voraussetzung für üppiges Wachstum.

Kalthäuser. Unaufwendiger sind Wintergärten und Glashäuser, die während der kalten Jahreszeit nur insoweit zugeheizt werden, daß die Temperatur nicht unter 4 bis 6 °C sinkt. Viele unserer bekannten Zimmerpflanzen ertragen, manche bevorzugen sogar solche Temperaturen im Winter.

Wintergärten oder Gewächshauser erlauben es aufgrund ihres günstigeren Innenklimas eine ganze Reihe exotischer Kletterpflanzen ganzjährig zu verwenden, die für das Freiland nicht geeignet sind. Wichtig ist, daß im Sommer für genügend Feuchtigkeit und Durchlüftung gesorgt werden kann und daß auch Möglichkeiten zum Schattieren bestehen. Bei den meisten Arten reicht es darüber hinaus aus, wenn die Temperaturen im Winter nicht unter 4 bis 6 °C sinken.

PFLANZEN UND PFLEGEN

Kletterpflanzen nehmen sowohl in der Natur als auch in der Gartenarchitektur eine Sonderstellung ein. Viele von ihnen wachsen zwar sehr hoch und sind trotzdem keine Bäume. Im Gegenteil: trotz ihrer großen Wuchshöhen benötigen sie nur sehr wenig Standraum.
Die Ansprüche der vielfach ja sehr verschiedenen Kletterpflanzen sind dabei sehr unterschiedlich; spezielle Angaben finden sich deshalb jeweils in den einzelnen Pflanzenbeschreibungen. Alles, woran man bei der Pflege von Kletterpflanzen im Freiland generell denken muß, ist auf den folgenden Seiten zusammengefaßt: von der Standortwahl über die richtigen Pflanzgefäße bis zur Bekämpfung von Krankheiten und Schädlingen. Den Abschluß bilden einige Hinweise zur ökologischen Bedeutung von Kletterpflanzen am Haus.

***Polygonum aubertii*, der Schlingknöterich, steht im Frühherbst, wenn bereits die ersten Blätter im Garten fallen, in voller Blüte. Sein starkes Wachstum und sein dichter Wuchs sorgen schnell für entsprechenden Sichtschutz.**

In Behältern benötigen Kletterpflanzen das richtige Substrat. Bei jungen Pflanzen genügt meist Einheitserde; ansonsten ist ein Kompostzugabe ratsam. Wichtig ist eine funktionierende Drainage: legen Sie unten in den Behälter eine oder mehrere Tonscherben, darüber dann eine Schicht aus Blähton oder Kies. Erst hierauf folgt das Substrat, in das der Wurzelballen gesetzt wird. Behältertypen finden Sie auf der folgenden Doppelseite.

***Clematis* liebt zwar sonnige bis absonnige Lagen; dies gilt jedoch nicht für den Wurzelbereich. Bewährt haben sich bei diesem scheinbaren Widerspruch Vorpflanzungen mit Stauden oder Sommerblumen, die für ein ausgeglichenes Bodenklima sorgen.**

Bei der Auswahl eines geeigneten Standortes achtet man zuerst auf das Klima. So kommen viele im Handel angebotene Kletterpflanzen aus wärmeren Klimazonen, wie etwa der Chinesische Strahlengriffel *(Actinidia chinensis)*, die Trompetenblume *(Campsis radicans)* oder die Akebie *(Akebia quinata)*. Außerhalb der wintermilden Weinbaugebiete sollten diese Pflanzen besser einen ausreichenden Frostschutz erhalten. Dazu wird der Wurzelbereich gut abgedeckt oder gemulcht und die ersten Meter der oberirdischen Teile mit Schilfrohrmatten oder ähnlichen Materialien eingewickelt.

Das Lokalklima. Daneben gibt es auch innerhalb desselben Großklimas einer Region oder einer Stadt sehr viele lokalklimatische Unterschiede. Die Stadt ist zwar etwas wärmer als ihre Umgebung, aber auch durch Beschattung, Luftfeuchtigkeit, Niederschlagshäufigkeit oder auch die hier ja schon viel konzentrierteren Abgase können sich wesentliche Merkmale ändern. Hinzu kommen Faktoren wie Exposition, Windhäufigkeit, wie etwa in Gassen, und der Boden. So eignen sich beispielsweise für südexponierte Lagen besonders sommergrüne und früchtetragende Kletterpflanzen, die vornehmlich an Spalieren ranken. Für die Ost- und Westseiten gilt dasselbe, wenn sie nicht gleichzeitig Wetterseite sind, d. h. wenn mit häufigen Schlagregen gerechnet werden muß. Immergrüne Arten sollten vorwiegend an Standorten mit weniger Sonne verwendet werden. Sie eignen sich besonders für die Nordseite. Stark besonnte Flächen sind zu meiden, da die Pflanzen bei langanhaltendem Frost sonst leicht vertrocknen können.

Bodenansprüche. Im allgemeinen läßt sich der Boden zumindest annähernd für die jeweilige Kletterpflanzenart herrichten. Im Stadtgebiet fehlen natürliche Bodenverhältnisse, da es sich hier ja um besiedelten Raum handelt. Das Spektrum reicht dabei von eher trockenen, durchlässigen Böden bis zu humusreichen, lehmigen Waldböden. Bei der Pflanzenauswahl sollte man darauf achten, daß Wüchsigkeit und Größe der Kletterpflanze dem Rankgerüst oder dem zur Verfügung stehenden Mauerangebot auch entsprechen. Nur so lassen sich unliebsame Überraschungen mit stark wuchernden Pflanzen vermeiden.

Das richtige Pflanzen. Gepflanzt wird entweder im zeitigen Herbst oder im Frühjahr. Mittlerweile werden die meisten Kletterpflanzen als Topf- oder Containerware angeboten, so daß sie auch noch im belaubten Zustand eingepflanzt werden können. An Hausfassaden und Mauern steht man immer wieder vor demselben Problem, der relativen Trockenheit. Hinzu kommen oft noch extreme Dachüberstände, die die Niederschläge abhalten, so daß an Pflanzenwachstum nicht zu denken ist. Wenn man nicht ständig wässern möchte, ist es also besser, in einem Abstand von bis zu einem halben Meter zu pflanzen und die Triebe dann an die Mauer zu führen.
Die Gehölze unter den Kletterpflanzen werden nach dem Pflanzen erst einmal zurückgeschnitten. Günstiger Zeitpunkt hierfür ist das Frühjahr; dies gilt auch für Herbstpflanzungen. Bis die Pflanzen so richtig Fuß fassen, muß am Anfang noch etwas Hilfestellung geleistet werden. Die Triebe werden vorsichtig an das Rankgerüst herangeführt und gegebenenfalls mit Bast befestigt. Selbstkletternde Arten, wie der Efeu oder der Wilde Wein, sollte man mit ihren Haftorganen ebenfalls behutsam an die Mauer drücken, damit sie schneller selbständig Halt finden. Die meisten Kletterpflanzen wachsen vorwiegend in die Höhe und vernachlässigen das Breitenwachstum. Um eine Mauer oder Wand gleichmäßig bedecken zu lassen, muß daher immer wieder lenkend eingegriffen werden. Es werden entweder Triebe umgeleitet oder extreme Höhenschößlinge zurückgeschnitten, so daß sich die Pflanzen verstärkt von der Basis her verzweigen.

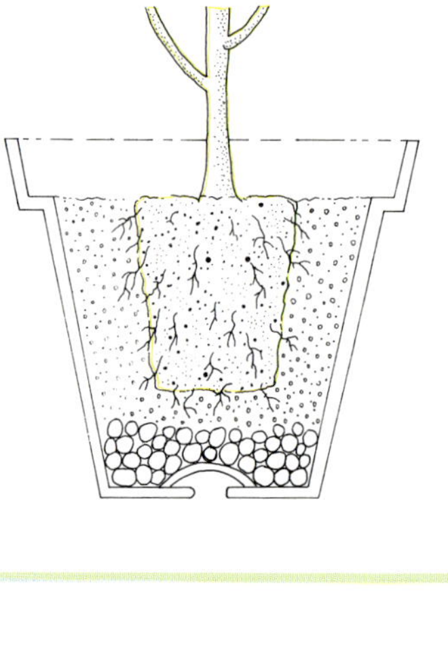

Der Rückschnitt. Beim Rückschnitt braucht man bei den Kletterpflanzen grundsätzlich wenig Bedenken zu haben. Ausnahme hiervon ist etwa die Clematis. Als Schnittregel kann man bei den Gehölzen auf die Blütensträucher zurückgreifen. Arten, die am mehrjährigen Holz blühen, schneidet man gleich nach der Blüte; Arten, die am einjährigen Holz blühen, werden im Herbst oder zeitigen Frühjahr gestutzt. Bei Stauden und einjährigen Kletterpflanzen erübrigen sich diese Maßnahmen, da die oberirdischen Teile bekanntlich jährlich absterben.

Zu glatte Wände. Zuweilen kann man folgendes interessante Phänomen bei der Verwendung von Kletterpflanzen an Wänden beobachten: Trotz bester Pflege und gutem Willen will der kleine Efeu oder Wilde Wein nicht an der für sie gedachten Mauer hochwachsen. Dies liegt meist an der Glattheit der Wände oder bei Betonmauern an speziellen Schutzanstrichen. Die Haftwurzeln finden keinen Halt, weil sie wenig Feuchtigkeit besitzen. Abhilfe schafft man mit kunststoffummantelten Drahtgittern, die relativ engmaschig sind oder man greift auf andere Pflanzen zurück: für glatte Wände eignet sich unter den Selbstkletterern der Wilde Wein, *Parthenocissus tricuspidata*, während sein naher Verwandter *Parthenocissus quinquefolia* rauhe Wände oder sogar Rankhilfen bevorzugt.

Pflanzgefäße aus Holz. Viereckige Kübel (1) eignen sich besonders für größere Pflanzen; ähnlich verwendbar sind durchgeschnittene große Fässer (2).

Pflanzgefäße aus Kunststoff. Im Handel sind die unterschiedlichsten Formen erhältlich. Die abgebildeten Gefäße (3, 4) sind schlicht gehalten und eignen sich besonders für kleinere Pflanzen. Aufwendigere, an hölzernen Vorbildern orientierte Formen (5) sind als Bausätze erhältlich.

Gerade bei der Fassadenbegrünung ist nicht immer die Möglichkeit vorhanden, die Kletterpflanzen direkt ins Erdreich zu pflanzen. Typisch sind schließlich solche Standorte wie Terrassen, Balkone, Dachgärten oder Vorplätze.
Deshalb muß man nicht gleich auf Kletterpflanzen verzichten. Der Fachhandel bietet eine große Auswahl an geeigneten Trögen, Containern oder Töpfen an. Die Gefäße können unschöne Wände verdecken, eine Sitzecke begrenzen oder auch als Blickfang dienen – wenn man entsprechend schöne aussucht. Wichtig ist, daß man sie in Verbindung mit der bebauten Architektur verwendet und nicht etwa losgelöst inmitten einer Rasenfläche aufstellt.
Die Materialien reichen von Holz über Naturstein, Ton, Beton und Eternit bis zu Kunststoff. Bevor man seinen Gestaltungsideen freien Lauf lassen kann, gilt es noch einige Grundregeln zu beachten.

Statik. Wenn die Gefäße auf dem Balkon oder der Dachterrasse stehen, muß vorher geklärt werden, mit welchem Gewicht der Boden belastet werden darf. Wenn Sie nicht Ihr eigenes Haus bewohnen, sollten Sie vorher mit Ihrem Hauseigentümer bzw. Hausmeister sprechen. Für nachträglich auftretende Schäden könnten sie ansonsten haftbar gemacht werden. Als Faustregel gelten ca. 250 bis 300 kg pro qm. In diesem Wert ist jedoch nicht nur das Pflanzengefäß, sondern auch das Substrat und zwar in wassergesättigtem Zustand, ein eventueller Bodenbelag sowie nicht zuletzt das Gewicht aller Personen, die maximal die Flächen gleichzeitig betreten, miteinzurechnen.

Größe. Der Wurzelraum für die Kletterpflanzen sollte nicht zu knapp bemessen sein. Ansonsten können sich die Pflanzen wegen des zu geringen Nährstoffangebots nicht voll entfalten und auch das Gießen wird sehr schnell zur Belastung, da ständig gegossen

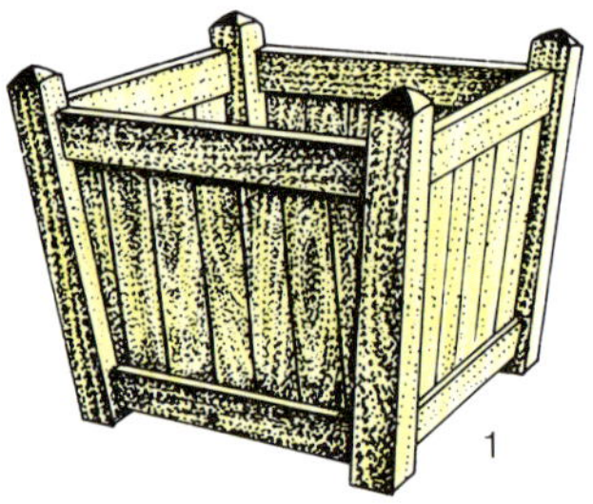
1

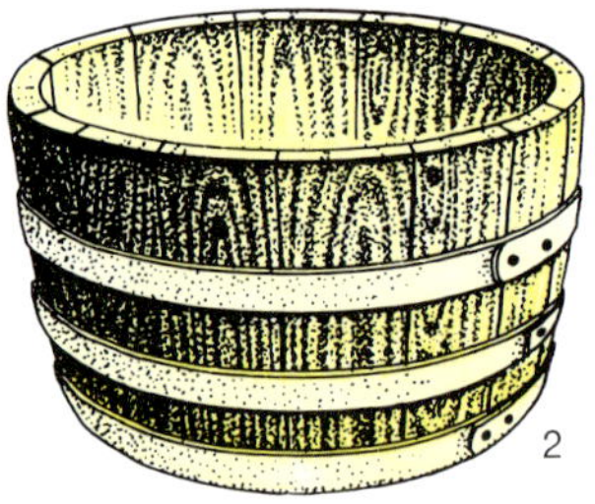
2

3

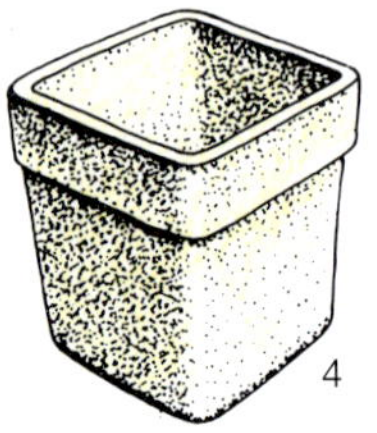
4

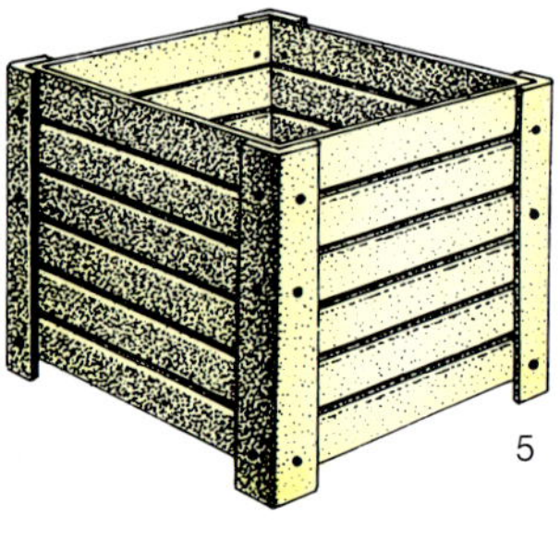
5

werden muß, daß das Substrat nicht austrocknet. Der Substratbedarf ist je nach Pflanzengruppe individuell verschieden und steigt von den Sommerblumen über Stauden bis zu den Gehölzen unter den Kletterpflanzen an.
Die durchschnittliche Größe liegt bei ca. 1 qm Oberfläche und einer Tiefe von 0,5 m. Bei Sommerblumen reichen oft auch schon 0,3 qm Oberfläche und eine Tiefe von 0,35 m aus. Bei größeren Gefäßen sollte man bedenken, daß sie auch den Vorteil bieten, daß in ihnen mehrere Kletterpflanzen untereinander bzw. mit anderen Pflanzen kombiniert werden können.

Materialien. Pflanzgefäße sind in vielen Materialien erhältlich – so ist für jede Pflanze, jeden Geschmack und jede Umgebung das Richtige dabei.

Holz gehört neben Ton und Naturstein zu den traditionellen Materialien. Der Holzkasten erfreut sich in den letzten Jahren wieder stärkerer Beliebtheit, nachdem er durch die Kunststoffprodukte eine Zeitlang fast verdrängt schien. Holz benötigt zwar mehr Pflege und geht bei falscher Behandlung schnell kaputt, wirkt aber am natürlichsten. Unter den heimischen Holzarten eignen sich Eiche, Fichte, Lärche oder Kiefer. Neben der großen Auswahl im Fachhandel bietet Holz auch dem Heimwerker die Möglichkeit, selbst Hand anzulegen. Bei richtiger Verarbeitung und Imprägnierung halten die Gefäße oft 10 Jahre und länger.
Desweiteren können auch zweckentfremdete Gefäße, wie etwa alte Holzfässer, Kisten oder Körbe verwendet werden. Wichtig ist bei allen Holzgefäßen, daß das Holz möglichst trocken gehalten und feuchte Stellen rasch abtrocknen können. Am besten kleidet man daher die Innenseite mit einer stabilen Folie aus (am oberen Rand mit einem Spezialkleber befestigen), imprägniert die Außenseiten mit Borsalz oder einer Holzschutzlasur und sorgt dafür, daß die Unterseite immer

luftumspült ist, d. h., daß die Gefäße nicht direkt am Boden stehen. Fertig vorgefertigte Holzgefäße bestehen oft aus kesseldruckimprägniertem Holz, was eine lange Lebensdauer garantiert.

Tongefäße sind der Reiz des Südens. Wer hat die schönen Terrakotten auf seiner Urlaubsreise nicht schon bewundert und das eine oder andere Stück als Andenken mit nach Hause genommen. Die unangenehme Überraschung kommt spätestens nach dem ersten Winter. Da die Gefäße nicht frostsicher sind, kann man sie nur für einjährige Kletterpflanzen benutzen und muß sie im Haus frostfrei überwintern. Gestalterisch dagegen überzeugen Tongefäße meist und auch die regelmäßig auftretenden Kalkablagerungen und der Algenwuchs gehören zur Patina, die nicht als störend empfunden werden sollte. Gerade bei der Verwendung auf Balkonen und Dachterrassen setzt das hohe Gewicht dieser Behälter – zumal sie sich voll mit Wasser saugen können – aber sehr schnell natürliche Grenzen.

Naturstein findet man vor allem bei alten Futtertrögen oder Viehtränken. Es gibt sie aus Granit, Porphyr oder Sandstein mit unterschiedlicher Oberflächenstruktur und Farbe. Das enorme Gewicht macht sie in der Regel zu ortsfesten Einrichtungen im Garten. Balkone oder Dachgärten scheiden damit logischerweise aus. Die gestalterischen Möglichkeiten sind vielfältig, und die Haltbarkeit ist praktisch unbegrenzt. Da der Preis für die Natursteintröge nicht gerade niedrig ist, bietet die Betonindustrie eine große Auswahl an äußerlich ähnlichen vorgefertigten Trögen und Kästen an. Man kann diese auch selbst aus sogenannten U- oder L-Steinen zusammensetzen.

Kunststoff. Pflanzgefäße aus Kunststoff haben den großen Vorteil, daß sie sehr leicht, preiswert und haltbar sind. Allerdings überzeugen sie in gestalterischer Hinsicht nicht immer. Zudem sind die Plastikbehälter wasserdicht und speichern die Feuchtigkeit länger. Das kommt Pflanzen mit einem höheren Wasserbedarf sehr entgegen. Unter den verschiedenen Kunststoffen haben sich vor allem Polymere und Polyethylen gut bewährt. Sie werden auch nach Jahren nicht brüchig und behalten ihre Oberflächenfarbe.

Be- und Entwässerung. Die meisten Pflanzen nehmen es einem übel, wenn ihre »Füße« ständig im Wasser stehen. Deshalb bringt man zuunterst eine ca. 10 cm starke Drainschicht ein. Geeignete Materialien sind Lavadur, Blähton, gewaschener Kies oder Tonscherben. Da bei starken Niederschlägen oder reichlichem Wässern der Wasserstand schon einmal höher steigen kann, muß für eine geeignete Entwässerungsmöglichkeit nach außen gesorgt werden, wie etwa Löcher im Boden, in die ein entsprechend hohes Röhrchen gesteckt wird.
Während des Sommers müssen die Pflanzgefäße fast täglich gewässert werden. Gerade im Urlaub kann dies zum Problem werden, wenn kein netter Nachbar oder Bekannter die Pflege übernimmt. Hierfür bietet der Fachhandel seit einiger Zeit aber verschiedene Bewässerungssysteme an.
Manche Behältnisse haben einen doppelten Boden, unter dem sich ein Wasservorratsbehälter befindet, der über sogenannte Dochte mit dem Substrat in Verbindung steht. Die Pflanzen können sich somit selbständig je nach Bedarf mit Wasser versorgen. Ein Kontrollfenster zeigt den jeweiligen Wasserstand an. Dies erleichtert die Pflege nicht nur während der Urlaubszeit ganz erheblich. Wem dies noch nicht ausreicht, der kann sich auch ein voll automatisches Bewässerungssystem installieren, das an das Leitungsnetz angeschlossen ist und die einzelnen Pflanzbehälter miteinander verbindet. Wenn das System einmal sauber installiert ist, steuern die Pflanzen ihren Wasserbedarf selbst.

Pflanzgefäße aus Ton. Es gibt sie in fast jeder gewünschten Form oder Größe. Am bekanntesten ist wohl die klassische Topfform (8, 9). Bei größeren, schweren Gefäßen können Henkel wie bei (11) zum Anheben und Verschieben sehr nützlich sein. Für Hängepflanzen eignen sich besonders vasen- oder säulenartige Formen (6, 10). Sehr hübsch sind auch die reich verzierten viereckigen Blumenkästen (7).

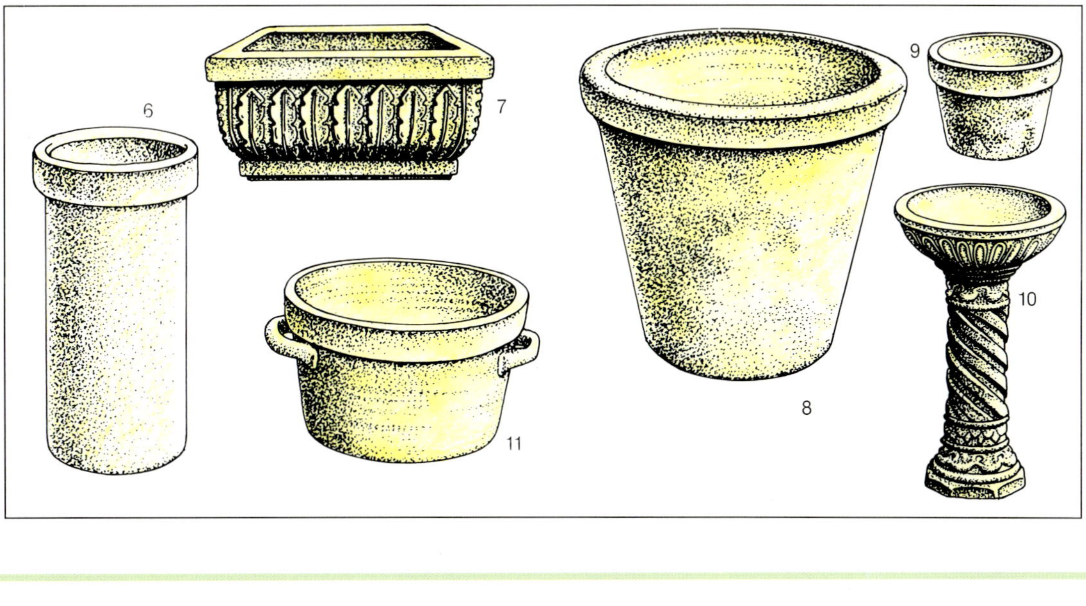

SYMPTOME	STANDORT-/PFLEGEFEHLER	VORBEUGEN/ABHILFE
Blätter vergilben von den Rändern und Spitzen her, Pflanze wirkt insgesamt schlaff. Blüten fallen ab, Wurzeln verfärben sich dunkel, Substrat ist trocken, zwischen Topf und Erde klafft ein Spalt.	**Trockenheit.** Bei heißem und windigem Wetter trocknet die Erde sehr schnell aus. Besonders gefährdet sind Pflanzen mit großen Blättern und hohem Wasserverbrauch. Es wurde zu wenig gegossen.	Hier gibt es keine festen Regeln. Die Pflanzen ständig beobachten und in trokkenen Zeiten morgens und abends gießen. Substrat eventuell mit feinen Blähtonkügelchen mischen, sie speichern Feuchtigkeit. Hat sich ein Spalt zwischen Topf und Erde gebildet, den ganzen Topf in ein größeres Gefäß mit luftwarmen Wasser stellen, bis keine Blasen mehr hochsteigen. Ist die Pflanze bereits zu sehr geschädigt, kann man sie nicht mehr retten.
Die Blätter werden gelb, es schießen lange, weibliche Triebe in die Höhe.	**Lichtmangel.** Die Bildung des grünen Farbstoffes ist beeinträchtigt. Die Pflanze sucht Licht und »schießt« in die Höhe.	Pflanze heller stellen, die langen Triebe abschneiden.
Die Blätter werden gelb, die Blattadern bleiben grün.	**Chlorose** (Eisenmangel). Gefährdet sind vor allem kalkfliehende Pflanzen, wenn der Boden alkalisch oder versalzen ist. Der hohe Kalkgehalt verhindert, daß die Pflanzen das für die Chlorophyllbildung notwendige Eisen aufnehmen können. Andere Ursachen: Magnesiummangel, Phosphorüberschuß, Kaliüberschuß, zu kalte Erde, zu kaltes Gießwasser, zu sonniger Standort bei Schattenpflanzen.	Für saures Substrat sorgen, mit Regenwasser oder entkalktem Wasser gießen, kalkarme, organische Dünger verwenden, eventuell zusätzlich mit Eisen- oder Magnesiumpräparaten gießen.
Mastiger Wuchs mit vielen Blättern, aber nur wenigen Blüten.	**Stickstoffüberschuß.** Das Wachstum der Pflanzen hängt in erster Linie vom Stickstoff ab. Bei Überschuß schießt die Pflanze ins Kraut.	Weniger oder einige Zeit gar keinen Stickstoff geben, eventuell umtopfen.
Stagnierendes Wachstum, ungenügender Austrieb, blasse Laubfärbung, kleinere Blätter als normal, Blätter fallen im Herbst früher als gewöhnlich ab.	**Stickstoffmangel.** Der Pflanze fehlt dieser für das Wachstum notwendige Nährstoff.	Verstärkt mit Stickstoff düngen, eventuell umtopfen in bessere Erde. Bei größeren Kübeln und Trögen die obere Erdschicht abtragen und durch nahrhaftere ersetzen.
Blätter verfärben sich rötlich bis violett, wenige Blüten, schlecht ausgebildete Früchte, ungenügende Wurzelbildung, sperriger Wuchs bei Gehölzen.	**Phosphormangel.** Für die Blüten und Fruchtbildung ist Phosphor sehr wichtig. Es sorgt auch für eine gesunde Beendigung der Vegetationsperiode.	Gezielt mit Phosphor düngen und eventuell umtopfen.
Blätter rollen sich nach unten ein, werden erst blaßgrün, dann gelb bis rotbraun, die Blattspitzen verdorren (Spitzendürre). Sie fallen schließlich, beginnend an der Basis.	**Kalimangel.** Kalium festigt das Zellgewebe, hilft bei der Bildung von Stärke, Zucker und Zellulose, gibt den Pflanzen Standfestigkeit. Schlecht versorgte Pflanzen können absterben.	Gezielt Kaliumdünger verwenden. Bei schweren Schäden ist die Pflanze nicht zu retten.
Vor allem junge Pflanzen kümmern vor sich hin.	**Kalziummangel.** Kalk ist unentbehrlich für die Zellteilung, Nahrungsaufnahme und Widerstandskraft der Pflanze. Kalkmangel ruft bei kalkliebenden Gewächsen besonders große Schäden hervor.	pH-Wert der Erde prüfen und bei Kalkmangel entsprechende Präparate verwenden.

SYMPTOME	KRANKHEIT/SCHÄDLING	VORBEUGEN/ABHILFE
Zuerst weißer, mehliger Belag auf den Ober- und Unterseiten der Blätter, später grauer Schimmelrasen auf der ganzen Pflanze.	**Echter Mehltau.** Tritt verstärkt bei feuchtem Wetter auf und bei Stickstoffüberdüngung. Sehr gefährdet sind Rosen, Hortensien, aber auch Obstbäumchen.	Vorbeugend mit einem Bio-Mittel spritzen, Pflegefehler vermeiden. Befallene Pflanzenteile entfernen und vernichten. Pflanzen nicht zu dicht stellen. Mehltauresistente Sorten wählen. Die Pflanzen mit Ackerschachtelhalmbrühe (1 kg frische Pflanzen oder 200 g getrocknete mit 10 Liter Wasser ansetzen, 24 Stunden ziehen lassen, dann 30 Minuten kochen, abkühlen, durchseihen. Im Verhältnis 1:5 mit Wasser verdünnt verwenden) an drei aufeinanderfolgenden Tagen spritzen, mehrmals wiederholen, auch die Blattunterseite benetzen.
Sämlinge und Jungpflanzen fallen um, ausgewachsene Pflanzen kümmern, faulende Stellen an den Wurzeln und am Stengelgrund.	**Bodenpilze.** Werden nur bei Staunässe und kranken Wurzeln, Überdüngung, Trockenheit, zu niedrigen Substrattemperaturen im Frühjahr, zu schattigem Standorten und zuviel Nässe im Winterquartier schädlich.	Standort korrigieren, nur mit luftwarmem Wasser gießen, Staunässe vermeiden. Ältere Pflanzen umtopfen, Sämlinge wegwerfen. Pflanzen hin und wieder mit Schachtelhalmbrühe gießen (siehe Echter Mehltau).
Eingerollte Blätter, gekrümmte Jungtriebe, klebriger Belag auf den Blättern (Honigtau), grüne, schwarze oder blaue Läuse an allen Pflanzenteilen.	**Blattläuse.** In manchen Jahren treten sie besonders stark auf, begünstigt durch feuchte Witterung. In Gefahr sind fast alle Pflanzen. Die Läuse saugen den Saft aus den Blättern.	Pflanzenschutzmittel verwenden, die über die Wurzeln wirken. Mit einer Mischung aus Schmierseife und Wasser (1 EL Seife auf 1 Liter heißes Wasser, abkühlen lassen) die Pflanzen mehrmals besprühen.
An den Blattunterseiten harte, bräunliche Schilde, unter denen die Schädlinge leben. Gelbe Flecken auf den Blattoberseiten. Bei starkem Befall ersticken die Blätter, die Pflanze geht ein.	**Schildläuse.** Es gibt mehrere Arten. Sie treten verstärkt bei zu warmer und zu trockener Luft im Winterquartier auf. Werden im Sommer durch Ameisen übertragen.	Für richtigen Standort sorgen. Mit einer Seifen-Spiritus-Lösung (1 EL Schmierseife und 1 TL Spiritus mit 1 Liter Wasser mischen) gut anfeuchten und nach einer Stunde die Schildläuse abwischen. Eventuell ein chemisches Mittel verwenden. Bleibt der Erfolg aus, die Pflanze vernichten.
An den Blattunterseiten grüngelbliche Larven, klebriger Belag auf den Blättern. Die Blätter verkümmern und sterben ab. Später kleine, weiße Fliegen, die bei jeder Berührung der Pflanze in Schwärmen hochfliegen.	**Weiße Fliege/Mottenschildlaus.** Tritt auf vielen Pflanzen auf, verstärkt bei warmer, feuchter Luft, sehr oft in Gewächshäusern anzutreffen.	Eine Vorbeugung ist kaum möglich. Mehrmals hintereinander mit Schmierseifenlösung (siehe Blattläuse) gut befeuchten. Gelbtafeln aufhängen, das sind mit gelber Farbe und Leim bestrichene Pappen. Gelb lockt die Weiße Fliege an.
Schlechter Gesamteindruck der Blätter, verlieren an Farbe und fallen ab. Seidige Gespinste an den Blattunterseiten.	**Spinnmilben/Rote Spinne.** Die Milben sind mit bloßem Auge kaum zu erkennen. Treten bei vielen Pflanzen auf, werden vom Wind angeweht. Vermehren sich stark bei trockener, warmer Witterung.	Für ausreichende Luftfeuchtigkeit sorgen. Mit Spezialmitteln bekämpfen oder mit Ackerschachtelhalmbrühe (siehe Echter Mehltau) mehrmals hintereiander im Abstand von 5 Tagen spritzen.

Dichte Kletterpflanzenpolster, wie hier aus *Parthenocissus tricuspidata* (Wilder Wein), sind nicht jedermanns Sache. Immer mehr Menschen begreifen jedoch dieses Stück Natur als etwas Besonderes und erfreuen sich an den vielen positiven Wirkungen.

Häufiges Argument gegen Rankgerüste bzw. Kletterpflanzen ist das sogenannte »Ungeziefer«. Die Bewohner haben Angst, daß Spinnen, Insekten, Vögel oder sogar Mäuse in die Wohnräume vermehrt eindringen und dort zur Plage werden könnten. Diese Angst ist nicht ganz unbegründet, denn die Kletterpflanzen an der Fassade sind bevorzugte Lebensräume vieler Tierarten und so kann es nicht wegdiskutiert werden, daß sich gelegentlich auch einmal eine Spinne oder ein Käfer in den Wohnraum verirrt.
Wer dies als Belästigung empfindet und keine Fliegen im Haus duldet, sollte besser von vorne herein auf Fassadenbegrünung verzichten, aber dann auch konsequenterweise die Fenster stets geschlossen halten.
Letztlich kann die ganze Diskussion auf ein psychologisches Problem reduziert werden: es kommt auf die innere Einstellung an, ob man Tiere, wie Spinnen, Insekten oder Vögel allesamt als Schädlinge bzw. Konkurrenten oder als Nützlinge ansieht und ihnen gegenüber eine gewisse Toleranz entgegenbringt.

Natur erleben. Gerade in der heutigen Zeit des gesteigerten Umweltbewußtseins in breiten Bevölkerungsschichten und einem verstärkten Bedürfnis nach Naturerlebnis sollten die Lebensraumbewohner der »grünen Fassaden« im Zusammenhang gesehen werden und nicht auf ihre eventuellen negativen Eigenschaften reduziert werden.
Besonders in der Stadt stellen solche Grünelemente oft die einzige Möglichkeit dar, natürliche Zusammenhänge und Kreisläufe sozusagen hautnah mitzuerleben. Durch die Beschattung und das umfangreiche Blattwerk bieten Kletterpflanzenpolster ideale Lebensräume für viele Insekten und Spinnen. Letztere leben von den Insekten und beide dienen wiederum für viele Vögel, die sogar teilweise hier gute Nistmöglichkeiten vorfinden, als Nahrungsquelle. Weiterhin sind viele Insekten, wie Hummeln oder Bienen, Garanten für die Bestäubung und Befruchtung unserer Blütenpflanzen. Andererseits profitieren sie wiederum von deren Blütennektar.
Dabei verbleiben die Tiere in der Regel in ihrem Lebensraum und verirren sich nur gelegentlich in unsere Wohnräume, da sie hier eher ungeeignete Verhältnisse vorfinden.
Zur inneren Einstellung gehört auch die Haltung zum Gezwitscher von Vögeln, die einen genießen es, anderen dagegen empfinden es als unerträgliche Ruhestörung. Diese Dinge müssen auch immer in der richtigen Relation gesehen werden. Oft herrscht ein viel stärkerer Verkehrslärm; nicht wenige Reihenhäuser befinden sich auch in der Nähe von Flughäfen. Diese ständige Lärmbelästigung ist dann die Ursache für die Überempfindlichkeit natürlichen Geräuschen gegenüber.
Kletterpflanzen sind ein Stück Natur am Haus, mit allen Vor-, aber auch Nachteilen, die das mit sich bringt. Allmählich sollte sich jedoch bei uns die Einsicht durchsetzen, daß der Mensch nur *mit* der Natur und nicht gegen sie leben kann.

Bedeutung für das Stadtklima. In unseren Städten unterscheidet sich das Klima zunehmend mit deren Größe von der Umgebung. Ursachen hierfür sind die dichte Bebauung mit ihrer hohen Konzentration an Stein, Beton und Asphalt, der hohe Grad der Oberflächenversiegelung, das Fehlen von Grünflächen sowie die große Anzahl von Schadstoffquellen, wie etwa Kraftfahrzeuge, Gebäudeheizungen oder Industrie- und Gewerbeanlagen.
Abhilfe läßt sich am einfachsten mit mehr Grün in der Stadt schaffen. Hierzu gehören neben großflächigen Grünanlagen, Baumalleen, Dachgärten und nicht zuletzt auch Kletterpflanzen, die sich besonders bei eingeengten Platzverhältnissen eignen.

Im einzelnen lassen sich folgende Aspekte zur positiven Beeinflussung des Stadtklimas nachweisen:

Temperatur. Die großen Stein-, Beton- und Asphaltmassen haben eine nicht zu unterschätzende Wärmespeicherkapazität. Tagsüber laden sie sich auf und geben in der Nacht die gespeicherte Wärme langsam wieder an ihre Umgebung ab. Dies kann zu Temperaturerhöhung bis 10°C gegenüber dem Umland führen. Da Pflanzen tagsüber beachtliche Wassermengen verdunsten und die dafür benötigte Energie ihrer Umgebung in Form von Wärme entziehen, wirken sie dämpfend auf die Temperaturerhöhung. Zum anderen werden die Fassaden durch die Blattoberflächen der Kletterpflanzen beschattet und können sich dadurch tagsüber nicht so stark erwärmen.
Im Winter, wenn dieser Effekt eher unerwünscht ist, sorgen zumindest die sommergrünen Arten, wie etwa der Wilde Wein oder die Clematis dafür, daß die wärmenden Sonnenstrahlen direkt auf die Fassaden auftreffen können.

Wasserhaushalt. Große Flächen in der Stadt sind versiegelt, d. h. es kann kein Niederschlagswasser in den Boden eindringen. Dies bringt zum einen Nachteile für unsere Bäche und Flüsse, – man denke nur an die ständig zunehmende Hochwasserproblematik – und zum anderen eine relativ niedrige Luftfeuchtigkeit. Kletterpflanzen können auch hier zumindest für lokale Abhilfe sorgen. Durch die Transpiration wird die Luftfeuchtigkeit erhöht. Dieser Effekt ist nicht zu unterschätzen, da die Blattoberfläche 6 bis 8 mal so groß wie die bedeckte Fassadenfläche ist. Das Gießwasser sollte nach Möglichkeit nicht aus der Trinkwasserleitung stammen, sondern aus der Regentonne: so kann Niederschlagswasser im Wurzelraum der Kletterpflanzen gespeichert werden.

Luftverbesserung. Wie alle grünen Pflanzen produzieren auch die Kletterer tagsüber durch die Photosyntheseprozesse Luftsauerstoff (O_2). Dieser Effekt darf jedoch in der Stadt nicht überbewertet werden, da erstens der Verbrauch durch die Verbrennung fossiler Stoffe sehr hoch und zweitens der Gasaustausch mit der Umgebung groß sind.
Viel wichtiger ist die Bedeutung der Kletterpflanzen bei der Staubfilterung. Durch die relativ starke Erwärmung in der Stadt herrscht eine starke vertikale Luftbewegung. Bei diesem Prozeß wird unter anderem auch sehr viel Staub aufgewirbelt. Diese Staubteilchen sind oft Ursache für Erkrankungen der Atemwege und greifen zudem unsere Bauwerke an. Hier können die Kletterpflanzen sozusagen als Biofilter wirken. Gegenüber den Bäumen, die bis zu 70% der Staubaerosole herausfiltern können, haben die Kletterpflanzen den Vorteil, daß sie wenig »Platz« benötigen und zudem relativ schnellwüchsig sind.
Die erwähnten Vorteile für das Stadtklima gelten natürlich nicht nur für Wohn- oder Geschäftsgegenden, denn gerade in den Gewerbe- und Industriegebieten können mit Kletterpflanzen große Verbesserungen erzielt werden. Oft fehlt hier der Platz für Bäume und Sträucher, da die Flächen um die Gebäude freigehalten werden müssen. Hinzu kommt, daß viele Gebäude große, fensterlose Fassaden haben, die sich allemal für eine Begrünung mit Kletterpflanzen anbieten. Fassadenbegrünung würde ganz wesentlich zur Verbesserung der Lebens- und Umweltqualität in den Städten beitragen und den dort arbeitenden Menschen sehr viel helfen, da sie hier oft mehr Zeit als zu Hause verbringen.

Die Herbstfärbung von *Parthenocissus tricuspidata* ist jedes Jahr aufs neue etwas Außergewöhnliches. Wenn die Blätter abgefallen sind, kommen die Früchte, die sich bis in den Winter hinein halten, voll zur Geltung.

Botanische Pflanzennamen

Deutsche Pflanzennamen

Sachregister

Bezugsquellen

Kletterpflanzen für Wohnräume sind erhältlich über Gartencenter, Blumengeschäfte, Pflanzenversandfirmen und Gärtnereien.

Kletterpflanzen für den Kübel

Ibero-Import
Bahnhofstr. 12
3433 Neu-Eichenberg

Koitzsch
Arheilger Str. 16
6106 Erzhausen

Flora Mediterranea
Inhaber Maria u. Christoph Köchel
Königsgütler 5
8309 Au/Hallertau

Südflora Peter Klock
Stutsmoor 42
2000 Hamburg 52

Kletterpflanzen zum Aussäen

Sperling & Co.
Hamburger Str. 27
2120 Lüneburg
(Samen, nur über Fachhandel erhältlich)

Thysanotus
Postfach 448 109
2800 Bremen
(Samen, Versand möglich)

Gerhard Wißmann
Arndtstr. 26
4500 Osnabrück
(Samen, Versand möglich)

Julius Wagner
Eppenheimer Str. 18–20
6900 Heidelberg
(Samen, nur über Fachhandel erhältlich)

Lothar Seik
Postfach 1348
7400 Tübingen 1
(Samen, Versand möglich)

Samen-Mauser
Zürichstr. 98
CH-8600 Dübendorf 1
(Samen, Versand möglich)

Manfred Meyer
Eckenheimer Landstr. 334
6000 Frankfurt a. Main

Kletterrosen

BKN Strobel
Wedeler Weg 62
2080 Pinneberg

Rosen Tantau
Tornescher Weg 13
2082 Uetersen

Kordes' Söhne
2206 Klein Offenseth-Sparrieshoop

Ingwer J. Jensen
Hermann-Löns-Weg 39
2390 Flensburg
(auch Clematis)

Werner Noack
Im Fenne 54
4830 Gütersloh

Walter Schultheis
Rosenhof
6350 Bad Nauheim-Steinfurth

Rosen Union, Steinfurther Hauptstr. 25
6350 Bad Nauheim-Steinfurth

Baumschule Goos
Alte Hobl 7
6908 Wiesloch-Baiertal

Karl Hetzel
Am Stadion
7519 Oberderdingen

Richard Huber
CH-5605 Dottikon AG

Anschriften von Bezugsquellen für Klettergehölze über:

BdB-Bund Deutscher Baumschulen e. V.
Bismarckstr. 49
2080 Pinneberg

Die Adressenlisten erheben keinen Anspruch auf Vollständigkeit, sondern enthalten nur Vorschläge. Eine telefonische oder schriftliche Anfrage bei den Herstellern oder Gartenbaubetrieben klärt am besten über Sortimente, Spezialitäten und Verkaufsmodalitäten auf. Legen Sie Ihrem Brief stets einen frankierten Rückumschlag bei.

Bildnachweis

Apel 57; 86; 90 re.; 91 li.; 93; 119
Bärtels 4/5 ob. Mitte; 25; 30 unten; 53; 54 unten; 66/67; 68; 69; 70; 78; 79; 131
Dorling Kindersley 17; 20; 24; 28 (2 Abb.); 33; 41; 46 (2 Abb.); 50; 52 (2 Abb.); 54 oben; 55; 56 (2 Abb); 58 (3 Abb.); 59; 60 (2 Abb.); 64; 90 li.; 92; 94 (2 Abb.); 96 (6 Abb.); 98; 99; 104; 106 (3 Abb.); 108 (2 Abb.); 109 (2 Abb.); 111; 112; 113; 115; 116; 117 (2 Abb.); 120
Geduldig Umschlag; 19; 125
zur Hausen 4/5; 14/15; 28; 30 oben; 31; 138; 145; 151
Lade 95
Morgan 4/5 unten li.; 22/23; 27; 47; 84; 105; 147
Nova 16; 46 unten; 92; 108; 109; 110; 116; 117; 118
Reinhard 4/5 ob. re.; 83; 85; 91; 102/103; 135
Smid 107
Stehling 4/5 (3 Abb.); 8/9; 11; 13; 43; 49; 87; 88/89; 122/123; 126; 129; 139; 140
Steinbach 40; 42; 76; 77; 80; 81; 82; 97; 100
Strauß 45
Tschakert 2/3; 4/5 unt. re.; 6/7; 18; 35; 39; 61; 63; 65; 148/149
Wetterwald 121
Zeltner 4/5 (2 Abb.); 21; 26; 29; 34; 37 (2 Abb.); 38; 51; 73; 74/75; 94; 101; 127; 143; 156; 157

Impressum

Herausgeber: Dipl.-Ing. Stefan Längst, Landshut
Autoren: Dipl.-Ing. Andreas Bärtels, Dr. Dietrich Dähne, Dr. Georg Gärtner, Dr. Hans Hecht, Halina Heitz, Helmut Jantra, Dr. Ursula Kraxner, Ursula Krüger, Dipl.-Ing. Stefan Längst, Prof. Dr. W.-D. Naumann, Wolfgang Redeleit, Dr. Adolf von Rosenberg, Dr. Karl Georg Schwarz, Dipl.-Ing. Sebastian Seidl, Dipl.-Ing. Gisela Zinkernagel.
Fotografien: s. nebenstehenden Bildnachweis
Zeichnungen: Marlene Gemke, Germering bei München, Frances Lincoln Ltd., London
Umschlaggestaltung: Studio Schübel, München
Redaktion: Dr. Ursula Kraxner, Kirsten Spieldiener
Buchgestaltung: Hubert K. Hepfinger, Freising
Projektleitung: Dr. Gerhard Kebbel

Der Mosaik Verlag ist ein Unternehmen der Verlagsgruppe Bertelsmann

Satz: Filmsatz Schröter, München
Repros: Arti Litho, Trento
Druck und Bindung: Egedsa, Barcelona
Printed in Spain
ISBN 3-576-01167-6

Cat 139,80 statt 238,–

5/85